HISTORIA OCCULTAE

Revue annuelle des sciences ésotérique

© **2008 LES ÉDITIONS DE L'ŒIL DU SPHINX**

ISBN: 2-914405-54-5
EAN : 9782914405546
ISSN de la collection : En cours
Dépôt Légal: Juin 2008

HISTORIA OCCULTAE

Revue annuelle des sciences ésotériques

PREMIÈRE ANNÉE — NUMÉRO 1 — 2008

LES ÉDITIONS DE L'ŒIL DU SPHINX
36-42 rue de la Villette
75019 PARIS, FRANCE
www.œildusphinx.com
ods@œildusphinx.com

HISTORIA OCCULTAE

Revue annuelle des sciences ésotériques

PREMIÈRE ANNÉE — NUMÉRO 1 — ANNÉE 2008

Directeur
Philippe Marlin

Fondateur et rédacteur en chef
Dominique Dubois

Stanislas de Guaita

Théoricien et praticien de l'occulte

Bruno Fouquet ©

A la mort de Stanislas de Guaita, en 1897, Amélie de Guaita, sa mère, fit en sorte d'étouffer les rumeurs sulfureuses qui circulaient sur le compte de son défunt fils. Une messe catholique fut donnée et les livres maudits furent dispersés (vente Dorbon de 1899). Ce fut peine perdue. L'engagement de Stanislas de Guaita pour l'occultisme avait été si fort qu'il était déjà considéré de son vivant comme un classique. Sa mort prématurée allait faire de lui une légende.

Or la légende a cette particularité qu'elle idéalise ou qu'elle ternit à l'excès une réalité souvent plus complexe. Parmi ceux qui connurent Guaita et qui en laissèrent sinon un hommage du moins un souvenir, peu usèrent de mots tièdes pour le définir. Tous lui reconnurent une érudition et une rigueur sans pareille. Mais alors que certains le voyaient comme un terrible sorcier, expert en sortilèges, d'autres maintenaient de lui, à tous prix, l'image immaculée d'un brillant historien de l'occultisme étranger à toute activité occulte compromettante.

Les deux visions étaient bien sûr toutes deux faussées. S'il fallait rétablir la vérité sur le personnage, ce serait pour donner à Stanislas de Guaita un visage plus humain, plus défaillant peut-être mais aussi plus touchant. Car il fut, tout à la fois, un savant de l'occultisme et un praticien de l'occulte. N'en déplaise aux uns et aux autres.

L'apprenti sorcier

L'on ne reviendra pas sur l'érudition extraordinaire et la puissance de travail qu'il fallut à l'historien du *Temple de Satan* (1890) pour offrir un tel panorama du satanisme. Ces pages en attestent. Sa fine connaissance des systèmes magiques est tout aussi indéniable. *La Clé de la magie noire* (1897) démontre assez et avec une clarté inhabituelle les mécanismes de l'astral, cet agent magique essentiel à toute action occulte. Enfin, si l'on doutait encore de la valeur des sources bibliographiques mobilisées pour ce travail, il n'y aurait qu'à consulter l'impressionnant catalogue de la vente Dorbon qui dresse la liste de ses livres d'occultisme, tous annotés comme autant d'outils d'étude.

Mais Stanislas de Guaita n'était pas seulement un « rat de bibliothèque ». Le bibliophile était aussi un expérimentateur et depuis l'enfance il disposait au château familial d'un « laboratoire assez complet » [1] où il s'adonnait à la chimie curative. Il serait sans doute passé maître en la matière s'il ne s'en était pas détourné en arrivant à Paris [2]. Il en savait cependant assez pour se permettre de prescrire à son ami Péladan fiévreux des remèdes élaborés :

... prends, avant le repas qui précède l'accès périodique, 4 ou 5 gouttes de liqueur arsénicale de Flower (pas plus)...Pour l'orchite : pommade mercurielle double, ou onguent au Bromure d'hydragyre. (L'un des 2.) Frictions topiques, user modérément, car au bout de 8 à 10 applications l'épiderme se soulève [3].

On s'aperçoit à la lecture de telles médications que Guaita avait une certaine aisance à manipuler les fioles. La chose était pour lui assez routinière. Ce pouvoir de guérison devait lui donner aussi les clés d'une science inverse, celle des poisons. Et si ce ne fut jamais chez lui un penchant morbide, cette science constituait malgré tout une arme redoutable. Le frère de Péladan venait d'en faire les frais, lui qui était mort en 1885 à cause d'une mauvaise manipulation. Guaita confiait à son ami le récit d'une expérience moins tragique mais tout aussi inquiétante :

Permettez-moi, puisque nous avons eu la même idée, de vous faire hommage de ces moyens de défense aristocratiques entre tous. Je vous envoie ci-joint du curare authentique ; il y a de quoi, largement, dans ces 3 ou 4 morceaux, tuer 25 ou 30 personnes. J'ai fait l'essai d'1/2 milligramme sur un chat qui est mort en moins de 3 minutes sans symptôme apparent de douleur, et allez retrouver les traces... [4]

Le fait d'exposer ainsi son savoir était sans doute une façon pour lui de gagner l'estime de Joséphin Péladan, son aîné en magie. Il obtint d'ailleurs très vite le rôle de correcteur dans l'œuvre du Sâr qui était moins pointilleux. Non seulement il s'occupait des questions de style dans le *Vice Suprême* (1884), mais il se permit bientôt de rectifier des passages entiers ayant trait à la chimie :

---

(1) Lettre à Péladan du 15 novembre 1884, *Lettres Inédites*, Bertholet, 1952.
(2) On sait d'après sa correspondance avec M. Genissel qu'il avait suivi des cours de chimie durant les premiers mois à Paris vers 1883-1884. Coll. Privée.
(3) Lettre à Péladan, de janvier 1886, op. cit.
(4) Cliché d'une lettre de Guaita à Péladan — Fonds Lambert ms.177 (vers 1885/86).

Vous avez dans le cerveau une trop belle et vaste synthèse passionnelle pour vous laisser le temps de caresser les détails : permettez-moi de poursuivre mon rôle de pédant, en vous mettant le doigt sur vos « lapsus calami ». Ni l'Arsenic métalloïde, ni l'act. Arsénien (?) (arsenic blanc), n'ont jamais eu la moindre saveur d'ail : pour vous en convaincre par un procédé (?) pratique, ci-joint un échantillon de ladite substance : ce qui fait votre confusion, mon cher cabaliste, c'est que l'arsenic (mot illisible) projeté en poudre sur les charbons ardents, répand des vapeurs aliénées, lors de la combinaison avec l'oxygène pour former de l'acide arsénieux :

$$A5 + 3 \ (0) = A4 \ 0.3 = qui \ se \ sublime. \ ^{(5)}$$

A partir de 1886, les lettres entre les deux « adelphes » abondent de ce genre d'exposés. On doit y voir, chez Guaita, l'ardent désir de comprendre les mécanismes de la nature. La chimie le conduirait bientôt vers d'autres sphères plus mystiques, celles de l'alchimie. Mais elle pouvait aussi, en attendant, servir des instincts moins célestes : dans une autre lettre à Péladan, Guaita vante les vertus aphrodisiaques d'un filtre qu'il aurait administré à une jeune femme :

Je crois à la Plante attractive pour l'avoir expérimentée (…) La grisette sur qui j'expérimentais, s'est prise d'une passion charnelle endiablée et s'est jetée sur ma braguette avant que je lui eusse parlé de cuissage et de jambage. [6]

Les femmes n'étaient pas les seuls sujets d'expérience. Adolphe Retté, l'auteur de *Au Pays des lys noirs*, déclare lui aussi avoir été drogué par Guaita alors qu'il lui rendait visite avec le fameux Dubus. Retté raconte qu'il lui fit boire une dose de morphine dissimulée dans une coupe de champagne. L'effet fut immédiat mais décevant semble-t-il. Alors que Retté était la proie de terrifiantes hallucinations, le mage lui fit des passes magnétiques et l'installa ensuite devant un grimoire couvert de symboles qui lui causèrent une vive répulsion. Cette réaction ne fut pas celle attendue, semble-t-il, puisque Guaita le laissa partir en marmonnant : « L'expérience a manqué. Celui-là ne vaut rien pour nous... ». Rien ne nous permet de mettre en cause la bonne foi d'Adolphe Retté. Ce n'est pas un secret, Guaita prenait déjà de la morphine à cette époque. Qu'il s'en servît à des fins magiques et à l'insu des gens qu'il soumettait ainsi à des « tests de recrutement », la chose est moins connue ! Que recherchait-il ? Un compagnon de l'occulte qui viendrait grossir les rangs d'une hiérophanie moderne ? Ou un simple sujet de laboratoire utilisé à des fins médiumniques comme il s'était servi, vers la fin de 1886, d'une jeune fille nommée Cécile Durand pour des expériences d'hypnose [7].

Guaita semblait être prêt à tout pour voir ses intuitions se confirmer, voire à de dangereuses manipulations. Il lui arrivait même d'acheminer par courrier des drogues illicites et parfois mortelles jusqu'à Péladan ! Ô combien l'abbé Boullan, celui de la

---

(5) Cliché d'une lettre du 2 septembre 1885, Fonds Lambert de l'Arsenal, Ms. 175.
(6) Lettre à Péladan, été 1886, *Les Péladan*, L'Age d'Homme.
(7) Voir la correspondance de Guaita à Mme L. Mond, Dieuze 10 mars 1887. Bibliothèque d'Avignon, Fonds Mariéton. Ms 4866.

fameuse affaire [8], eut raison de craindre de la part de tels magiciens un empoisonnement par lettre ! [9] Il semble indéniable, à la lecture de ces conversations secrètes,
qu'ils en avaient les moyens :

*Pour l'acide (mot illisible), c'est moi-même qui l'ai préparé jadis (au péril de mes
jours) dans mon laboratoire, pour être sûr de l'avoir excellent et pur. J'en ai mis environ 8 grammes pour vous dans un envoi ; mais j'attends votre réponse avant de
l'expédier, le paquet est fait — Je crains que vous n'ouvriez le flacon avant de lire
la lettre, et c'est pourquoi je prends cette précaution. Une olfaction sans précaution
et c'était fait de vous. J'aime mieux être sûr que vous êtes prévenu. [10]*

Les moyens d'empoisonner par lettre, Guaita en disposait sans doute. Pour ce qui est de
l'intention… Lui s'en est toujours défendu. A sa décharge, l'on peut penser que s'il avait
vraiment voulu tuer quelqu'un, il aurait de toute façon agi bien autrement. En tant que
mage, il ne se serait pas abaissé à commettre un vulgaire empoisonnement. Mais un envoûtement, rien de moins ! En 1893, lors de l'affaire Boullan, c'est bien de « meurtre astral » [11] dont il fut accusé ! Le fait d'envoûtement, remis au goût du jour par les occultistes, consistait en la projection astrale d'un maléfice, lequel, guidé par la volonté du
mage, pouvait atteindre sa cible à des kilomètres de distance. Ces phénomènes susci-
taient l'intérêt des écrivains les plus en vogue du moment [12].

En 1886 cependant, Guaita devait faire encore ses preuves. Il sortait à peine des livres
de du Potet et de Mesmer et ne faisait qu'entrevoir le pouvoir de la suggestion mentale.
Curieux de magnétisme, il s'intéressait de près à la réalité des fluides, sortes de pro-
jections mentales de la volonté. Ses expériences d'hypnotisme et somnambulisme me-
nées avec le docteur Liébeault de l'Ecole hypnotique de Nancy furent couronnées de
succès. Guaita exultait : « Me voilà passé Mage à mon premier coup d'essai ! » [13].
Voilà un extrait du procès-verbal [14] qui fut consigné à cette occasion :

**PROCÈS VERBAL relatant trois faits de SUGGESTION MENTALE obtenus
par MM. Liébeault et de Guaita au domicile du Dr. Liébeault, 4 rue de Bellevue
(Nancy)**

*Nous soussignés, LIEBEAULT (Antoine), docteur en médecine, et DE GUAITA
(Stanislas), homme de lettres, tous deux demeurant actuellement à Nancy, attestons
et certifions avoir obtenu les résultas qu'on va lire. (…)*

---

(8) Allusion à l'affaire Boullan.

(9) Le carmel lyonnais redoutait ce genre de forfaits de la part des occultistes parisiens. Copie du journal
de Boullan, Fonds Lambert de l'Arsenal, Ms 108.

(10) Ibid.

(11) L'expression est d'André Falk, dans son article intitulé « Guaita est-il coupable de "meurtre astral" ? », paru dans *L'Intransigeant*, du 18, 19, 21 et 22 octobre 1956.

(12) L'on pense surtout ici à Huysmans et son second roman *Là-bas*, 1891.

(13) Lettre à Péladan n°28, sans doute janvier 1886, *Lettres inédites*, op. cit.

(14) Ce procès-verbal a déjà été publié une première fois par le professeur Beaunis de Nancy dans son ouvrage intitulé *Somnambulisme provoqué*, Paris, J.-B. Baillière, (nd.). Le Dr. Liébault l'a publié à son tour dans
son livre du *Sommeil provoqué et des états analogues*, Paris, Doin, 1889, p. 297. Guaita, ensuite, le reproduit
dans son *Temple de Satan*, Paris, Carré, 1890. A noter une autre publication — la dernière à notre connaissance — par Camille Flammarion dans *L'Inconnu et les problèmes psychiques*, en 2 vol., Paris, 1900. Ed. revue et complétée,1911, 1917, p. 295.

3

Le Dr. Liébeault, afin qu'aucune phrase indicative ne fût prononcée, même à voix basse, écrivit sur un billet : — « Mademoiselle, en se réveillant, verra son chapeau noir transformé en un chapeau rouge. »

Le billet fut passé d'avance à tous les témoins, puis MM. Liébeault et de Guaita posèrent en silence leur main sur le front du sujet, en formulant mentalement la phrase convenue. Alors la jeune fille, instruite qu'elle verrait quelque chose d'insolite dans la pièce fut réveillée.

Sans une hésitation, elle fixa aussitôt son chapeau, et avec un grand éclat de rire, se récria : — Ce n'était pas son chapeau ; elle n'en voulait pas. Il avait bien la même forme ; mais cette plaisanterie avait assez duré : il fallait lui rendre son bien... — Mais enfin, qu'y voyez-vous de changé ? — Vous le savez bien ; vous avez des yeux comme moi. — Mais encore ?... » Il fallut insister très longtemps pour qu'elle consentît à dire ce qu'il y avait de changé à son chapeau : « On se moquait d'elle... » Pressée de questions elle dit enfin : « Vous voyez bien qu'il est tout rouge ! »

Comme elle refusait de le reprendre, force fut de mettre fin à l'hallucination, en lui affirmant qu'il allait revenir à la couleur première. Le docteur souffla sur le chapeau, et redevenu le sien à ses yeux, elle consentit à le reprendre.

Tels sont les faits que nous certifions avoir obtenus de concert. En fait de quoi nous avons dressé le présent procès-verbal.

Nancy, ce 9 janvier 1886.

Dr. A.-A. Liébeault et Stanislas de Guaita.

Ces premiers succès vont conforter le jeune mage dans l'idée que la magie est une réalité exigeante. A partir de cet instant, il mènera de front l'étude spéculative des classiques de l'hermétisme occidental et celle, plus opérative, de leurs systèmes magiques. Mais son esprit très religieux, finalement réticent à l'égard de toute goétie (ou basse magie), s'orientera instinctivement vers les formes les plus hautes de la magie judaïque, la sainte kabbale. C'est à cette époque qu'il s'enferme dans son appartement parisien. Là, il s'abîme dans la lecture de fabuleux grimoires et termine la rédaction du *Seuil du Mystère* (1886) qui est une sorte de préliminaire à la trilogie à venir [15]. Dans ce sanctuaire parisien tendu de rouge, comment croire qu'il n'ait pas été tenté de vérifier l'efficacité magique de l'un des rituels renfermés dans ses livres ? Difficilement, il faut en convenir. Surtout quand on connaît les penchants de Guaita pour l'expérimentation. Les propos d'Oswald Wirth nous paraissent alors assez douteux, lui qui prétend que « jamais, il ne vint à l'idée de l'auteur du *Serpent de la Genèse* d'essayer la moindre opération magique. » [16].

---

(15) *Le Serpent de la Genèse*, 1897.
(16) *L'Occultisme vécu*, Stanislas de Guaita, O. Wirth, 1935.

L'adepte de la haute magie

L'élève ne mit pas longtemps à surpasser le maître dans le domaine de la kabbale. Péladan, qui avait certes transmis à Guaita une filiation Rose-Croix durant l'été 1886, n'était pas enclin à le suivre longtemps sur cette voie magique. Il était trop affairé à écrire son second roman d'une part et trop attaché au catholicisme familial d'autre part. La kabbale à laquelle Guaita adhère alors proclame l'unité de l'Être, un dans son essence, triple dans ses manifestations : le monde divin (les causes), le monde intellectuel (les idées) et le monde sensible (les phénomènes). Selon la loi hermétique, ce qui est en haut (macrocosme) est comme à ce qui est en bas (microcosme) si bien qu'une même cause engendre dans les trois mondes des effets correspondants et déterminables. Dans ce système rigoureusement hiérarchisé, la loi des analogies permet toutes les spéculations. En outre, le secret de ce système, ce qui lui donne vie, c'est la croyance en l'existence effective du Verbe, véritable feu central générateur de la vie. Un seul objet donc pour Guaita : la connaissance et la maîtrise de cette substance incréée, le « grand Agent magique » [17] que Lévi définit ainsi :

Nous avons parlé d'une substance répandue dans l'infini. La substance une qui est ciel et terre, c'est-à-dire suivant ses degrés de polarisation, subtile ou fixe. Cette substance est ce qu'Hermès Trimégiste appelle le grand Telesma. Lorsqu'elle produit la splendeur, elle se nomme lumière.

Cette lumière dite « astrale » est la clé de voûte de tout l'édifice magique. *La Clé de la magie noire* (1897), en sera l'exposé complet [18]. Pour l'heure, ce monde attire Guaita. Il en pressent les richesses illimitées. Ainsi l'existence de cette lumière a priori invisible résout tout ce que les textes saints pouvaient avoir pour lui d'obscur. C'est cette substance que désigne la *Genèse* lorsqu'il est ordonné à la lumière d'être : « Fiat lux ! » De cette lueur, tout provient et vers elle, tout converge, et cela dans un double mouvement incessant de projection et d'absorption. Elle est aussi une fenêtre ouverte sur le passé, le futur et les rêves. Elle est un fleuve entre le terrestre et le divin. Un miroir, reflet insidieux du monde des âmes. Les métaphores ne manquent pas. En tant que force aveugle génératrice des mondes, il est possible d'avoir une action sur elle, d'en détourner les courants à ses propres fins. C'est le travail du magicien. Lévi prétend que c'est alors ouvrir la porte des miracles. Mais il met en garde : une fois ses foudres libérées, il faut en être le maître ou bien en devenir l'esclave. Pas de demi-mesure.

Un tel pouvoir, s'il est bien réel, exige de la part du mage un sérieux sens des responsabilités mais aussi un cadre où l'exercer dans l'intimité. C'est le rituel. Il semble que Péladan, qui conféra à Guaita le grade de Rose-croix, ne fournit pas avec la filiation de rituel à proprement parlé. La transmission dut se faire d'homme à homme dans le petit appartement de la rue de Pigalle durant l'été 1886, sans que rien

---

(17) Voir Lévi, *La Clé des grands mystères*.
(18) *La Clé de la magie noire* en donnera une explication. Mais d'une façon globale, son œuvre entière — *le Serpent de la Genèse* — lui est consacrée.

de vraiment formel ne soit mis en place. Cette (double) [19] filiation péladanne était un vieux rameau d'une branche initiatique toulousaine presque éteinte qui comptait parmi ses membres le vicomte de Lapasse, d'Arcade d'Orient, Firmin Boissin et Adrien Péladan. Guaita aurait donc à créer plus tard un rituel pour donner à l'OKRC [20], l'ordre Rose-croix qu'il allait rénover, un véritable contenu initiatique. La tournure kabbaliste et magique que prirent bientôt les pratiques internes de l'ordre finirent par déplaire fortement à Péladan qui préféra rompre en 1889. Il faut dire que Guaita, à partir de son voyage à Lyon en janvier 1887 et de sa rencontre avec un certain Roca, s'enfonçait de plus en plus dans une forme de magie sacerdotale bien éloignée de la foi catholique et ultramontaine de son ami le Sâr.

Le « Sacerdote occulte »

C'est au sein de la *Revue des Hautes Etudes* de Caillié que Guaita avait fait la connaissance du mystérieux abbé Boullan. Ce vieil abbé défroqué y écrivait depuis les débuts (septembre 1886) et signait « Dr. Johannès » des articles assez érudits sur le Zohar, la kabbale et la haute magie. Guaita fut très vite conquis par le personnage et à la suite de quelques lettres échangées entre les deux adeptes, il fut convenu qu'il irait passer un séjour dans le Carmel lyonnais. Puisque apparemment, ils s'entendaient sur l'orthodoxie de leur doctrine, il fallait qu'ils se voient pour discuter de la création d'un centre occultiste qui ranimerait l'hermétisme occidental [21]. L'affaire était d'autant plus urgente que Guaita était, selon Boullan, menacé d'un « péril » que seules certaines onctions pouvaient anéantir [22].

En allant « Là-bas » [23], Guaita pénétrait les milieux mystiques lyonnais. Boullan était en réalité un continuateur de Vintras, le fameux (voire fumeux) prophète de Tilly. Depuis sa mort en 1875, l'abbé avait rassemblé une poignée d'hommes et de femmes tout dévoués à sa cause avec lesquels il célébrait en secret ce qu'il appelait des « unions de vie » dans le cadre de rituels éliaques inspirés des pratiques vintrasiennes. Selon Guaita, Boullan côtoyait de trop près les esprits et tombait dans une « erreur funeste » [24] concernant les mariages spirituels. Le dogme dictait à l'adepte deux types d'unions : les « unions de sagesse » qui consistaient pour lui à s'unir d'amour aux esprits supérieurs pour s'élever spirituellement ; et les « unions de charité » qui consistaient, elles, à s'unir d'amour pour élever spirituellement les esprits de nature inférieure. L'incubat ou le succubat, qui sont en soit des pratiques infâmes,

(19) « Par mon père, le chevalier Adrien Péladan, affilié dès 1840 à la néo-templerie des Genoude, des Lourdoueix — qui cinquante années tint la plume au clair pour l'Eglise contre les parpaillots, pour le Roy contre la canaille — j'appartins à la suite de Hugues de Païens. Par mon frère le docteur Adrien Péladan, qui était avec Simon Brugal, de la dernière branche Rose+Croix, dite de Toulouse, comme les Aroux, les d'Orient, les vicomte de Lapasse — et qui pratiqua la médecine occulte, sans rémunération — je procède de Rosencreuz ». Joséphin Péladan répéta cette révélation en 1894 dans *Comment on devient Artiste*.
(20) L'ordre Kabbalistique de la Rose-Croix fut fondée par Guaita au printemps 1887.
(21) Cette initiative venait en réaction à la montée théosophiste en France.
(22) Lettre de Boullan à Guaita du 11 décembre 1886, fonds Guaita de l'O.M., *l'Initiation* n°1, 1987.
(23) Allusion au deuxième roman de Huysmans dont l'histoire s'inspire directement des événements magiques de l'époque.
(24) Lettre de Guaita à Péladan n°54, op. cit.

conduisaient dans le cas présent à d'autres déviances plus sacrilèges encore puisque Guaita finit par avoir la preuve que « l'autel de Boullan était un lit et que tous les hommes, dans cette secte, possédaient toutes les femmes et réciproquement » [25]. Evidemment, lors de son séjour à Lyon, Guaita n'eut droit qu'à des offices plus traditionnels auxquels il prit part en invité courtois et curieux.

Il se joignit cordialement aux fidèles et communia même aux « offices provictimaux du Chrétien et de Marie » [26]. Concrètement, Guaita participa à un rite dit « réparateur », dispensateur de mérites, ceux de la rédemption — ou régénération — individuelle et collective. Bien que fort apprécié par Boullan, Guaita n'eut pas le privilège de pénétrer davantage le temple lyonnais. Il dut se contenter des onctions qu'on lui avait promises ; elles étaient censées le protéger magiquement contre une santé fragile et la menace d'une dénonciation [27]. Ces onctions par conséquent, et le rituel qu'elles occasionnèrent furent quand même pour lui une initiation à une forme de vintrasisme. Le Saint Sacrifice que Guaita reçut ce jour-là fit de lui un véritable adepte du carmel même s'il ne s'en vanta jamais. Il était désormais en mesure de célébrer seul l'office provictimal et l'on sait d'ailleurs, qu'à son retour de Lyon, il ne s'en priva pas. Revêtu d'une aube, le *Livre du sacrifice d'Elie* [28] ouvert sur l'autel, on sait qu'il proféra un temps les paroles sacramentelles destinée à s'attirer les bonnes grâces d'esprits célestes. Il mit un terme à tout cela malgré tout et prit ses distances avec Boullan sur les conseils d'un autre prêtre défroqué, l'abbé Roca, qui allait devenir son ami et sans doute aussi son initiateur.

Ce prêtre, en rupture avec Rome, était depuis quelques temps dans l'entourage de Boullan et participait parfois aux rites du carmel. Il rencontra Guaita pendant cette semaine lyonnaise et se lia si vite à lui qu'il se permit de le mettre en garde contre les pratiques de la secte qu'il connaissait bien. Il fit entendre à Guaita qu'il existait une initiation « plus secrète et plus régulière » et qu'il serait en habilité à lui donner. Cette « ordination particulière » pouvait lui conférer, selon Roca, les prérogatives d'un prêtre-roi, dans la lignée de Melchisédech. Ainsi oint, il serait en mesure de s'appliquer à lui-même le sacrifice accompli par le Christ. Cette union liturgique pourrait lui permettre de récolter, par ce même jeu de miroir, les fruits de la rédemption. Roca exposait la chose ainsi à Guaita :

Rien de plus orthodoxe que le sacrifice ainsi compris, ainsi pratiqué. Le prêtre opère alors non pas sur les substances du pain et du vin pour le changer en corps et en sang de Jésus Christ, mais sur son propre corps et sur son propre sang, sur son cœur, sa raison, ses pensées, et ses sentiments pour le changer en corps, en sang, cœur, à l'âme, aux pensées et aux sentiments de Jésus Christ. C'est la vraie, c'est la grande transsubstantiation *figurée par la transsubstantiation qu'opère le prêtre catholique en prononçant les paroles sacramentelles.* [29]

---

(25) Voir le compte-rendu de Guaita intitulé « Modernes avatars du sorcier » dans *Le Temple de Satan*, op., cit.
(26) Lettre à Péladan de janvier 1887, op. cit.
(27) Une dénonciation due à son « nom français dans un territoire occupé ». Voir lettre de Boullan à Guaita, fonds Guaita de l'O.M.
(28) L'abbé Boullan lui avait prêté. Voir lettre de Boullan à Guaita, fonds Guaita de l'O.M.
(29) Lettre de Roca à Guaita du 23 février 1887, fonds privé.

Il semble ne faire aucun doute que Guaita reçût cette « ordination particulière ». Il confie à Péladan au début de l'année 1887 :

Quant aux onctions que j'ai reçues, il m'est impossible de te dire de qui je les ai reçues ; mais je les ai régulièrement reçues, valablement reçues, selon le rituel catholique romain, et non le rituel Eliaque. Je suis donc Sacerdote occulte, comme l'ont été, à toutes les époques, tous les adeptes du 3ème degré, et j'ai tous pouvoirs pour exercer le culte in secretis, magiquement et non sacerdotalement. Je te donnerai la preuve de ceci : que tous les Initiés Kabbalistes du 3ème degré ont toujours rencontré, au moment donné et désigné par Kether, un Prélat revêtu des pouvoirs intégraux, pour les ordonner validement par les Onctions Saintes [30].

Cette révélation fut rendue publique en 1952, lors de la sortie des *Lettres inédites de St. de Guaita au Sâr Péladan* par E. Dantinne et Bertholet. Elle apportait la preuve que l'œuvre de Guaita n'était pas seulement théorique et conférait définitivement à l'homme un caractère de parfait théurge. Il restait à faire un peu de lumière sur ce mystérieux « Prélat » car il ne pouvait s'agir de Boullan ; ce dernier n'aurait pu transmettre qu'une filiation éliaque que Guaita prenait soin d'exclure dans la lettre en insistant sur l'aspect romain de son ordination. Aussi l'identité de son initiateur aurait pu demeurer inconnue sans l'apparition de certaines lettres de Roca inédites encore à ce jour. Celle du 23 février 1887 nous apprend qu'après avoir exposé ce en quoi consistait l'ordination, il fit à Guaita une proposition :

Si vous vous placez dans ce point de vue, à cette hauteur et dans cette intention, je ne vois pas pourquoi vous ne monteriez pas à l'autel et vous n'accompliriez pas ce rite auguste dans la forme même du Missel romain (…) Vous savez les circonstances particulières où je me trouve, jusqu'à quel scrupule j'ai poussé le respect de l'autorité. En rentrant chez moi, si l'Evêque n'a pas répondu à ma lettre, je passerai outre et j'offrirai moi-même le Saint Sacrifice. Ma conscience fait plus que de m'y autoriser, elle me l'impose comme un devoir d'obligation.

La suite de cette correspondance laisse à penser que l'Evêque de Perpignan, Monseigneur Gaussail, ne répondit pas et qu'il incomba à l'abbé Roca d'ordonner Guaita à cette forme de prêtrise secrète et réservée. Ce culte que Guaita avait désormais le pouvoir d'exercer « in secretis » s'accompagnait d'onctions, de saint chrême et de signes magiques destinés à des opérations occultes de consécration et de protection, pratiques issues d'un christianisme primitif que Roca et Guaita avaient bien l'intention de ranimer. Pour l'heure, la rupture avec Boullan était consommée et Guaita entreprit, sans doute imprudemment, de dénoncer les ignobles agissements de la secte. Il s'attendait, à tort ou à raison, à de sataniques représailles puisqu'il mit en place à l'époque un système de protection magique pour lui et les siens. Roca fournit alors talismans, formules et onctions en vue de la lutte astrale qui s'annonçait entre le carmel lyonnais et le groupe parisien.

Depuis quelques temps déjà, Guaita avait recours à des mesures de protection qui étaient censées le garder contre toutes sortes de menaces. Ici contre la malveillance de certaines « mégères » [31] rancunières. Là contre certains maux dont il souffrait

---

(30) Lettre de Guaita à Péladan n°78, op. cit.

(31) Le mot est de Guaita dans une lettre à Péladan de janvier 1887 et désigne une femme (aussi appelée « Hécate ») qui fut certainement la maîtresse de Péladan un temps. L'histoire aura mal tourné et le sâr aura fait appel à Guaita pour qu'il le sorte de ce mauvais pas.

parfois. Pour le soulager dans ces cas-là, Jounet volait à son secours et mêlait la prière à des pratiques de soutien astral sous la forme de « pain azyme magnétisé » [32] qu'il lui envoyait par la poste. Mais à partir de la séparation avec Boullan, les ennuis devinrent plus sérieux et il fallut bientôt se défendre des « harcèlements fluidiques » [33] dont chaque camp pensait être la victime. Boullan avait quelques raisons cependant de craindre les foudres du « Tribunal initiatique » [34] parisien puisque celui-ci l'avait littéralement « condamné » en mai 1887 à un châtiment assez ambigu [35]. De leur côté, les parisiens prétendaient riposter aux les pressions astrales du sorcier lyonnais qui s'acharnait contre le pauvre Caillié dont il voulait noyauter la revue et contre le traître de Roca qui était devenu l'allier des parisiens. Guaita, depuis son ordination, se sentait invulnérable :

L'autre nuit, j'ai été fluidiquement attaqué avec une suprême violence et j'ai renvoyé le courant empoisonné à son centre où pôle d'émission, de sorte que l'envoûteur s'en est mordu les doigts. Nergal (Jounet) a été cataleptisé dans son lit et sur le point de subir sans pouvoir bouger les attentats d'un succube. Il ne s'en est débarrassé qu'au nom de Jodhévauhé. Caillié, lui, a succombé à un succube. Moi je suis d'une puissance inouïe et je fais ce que je veux, sur les fluides et sur les Esprits, par des procédés de haute et divine magie, auxquels je t'initierai, ou du moins auxquels tu assisteras en spectateur, si tu les réprouves. [36]

C'est donc tout naturellement que Stanislas de Guaita s'imposa comme le chef de cette hiérophanie naissante. Son but était, sinon de faire du mal à Boullan, du moins de le réduire à l'impuissance. Ce fut aussi le premier acte fondateur de l'ordre kabbalistique de la Rose-Croix : défendre l'occultisme occidental contre les magiciens noirs. Pour ce faire, Guaita convia ses frères à une série d'opérations magiques censées les mettre « à l'abri de tout mal » [37]. Il dictait, dans une lettre de janvier 1887, ses recommandations en vue de synchroniser le « faisceau sympathique des volontés, des Esprits et des cœurs, dans le but du bien à faire, et de la défense tant personnelle que collective, contre les forces adverses ». Le cercle occulte parisien était ainsi formé : Guaita, Péladan, Caillié, Barlet, Roca et Wirth étaient magiquement reliés et communiaient à distance au moyen de paroles sacrées et de signes de croix ou de pentagramme que chaque opérant devait se tracer sur le front, la bouche et le cœur avec du saint chrême. Enfin, un talisman les protégeaient des attaques fluidiques de Lyon. Cette lettre si compromettante, découverte il y a 7 ans déjà par mon ami Jean-Christophe Faure, établissait une fois pour toute et avec certitude le fait que Guaita n'était pas qu'un théoricien de l'occulte. Il est très probable que ce genre de rituels devînt l'ordinaire de la chambre secrète de l'OKRC. En tous cas, « la sacralité des formules chrétiennes et l'emploi du saint chrême, certainement introduits par l'abbé Roca, laissent préfigurer la naissance de l'Eglise gnostique accouchée de Jules Doinel… » [38].

---

(32) Coll. Privée.

(33) Voir lettre de Guaita à Roca du 12 janvier 1887, coll. privée.

(34) Voir lettre de Wirth à Boullan du 24 mai 1887 reproduite dans *L'occultisme vécu*, 1935.

(35) Dans la lettre qui le condamne, il est question d'une « sentence (qui) demeure suspendue… ». Wirth dira qu'il s'agissait en réalité de la publication des œuvres du carmel. Boullan crut qu'on le menaçait fluidiquement. Dans ce contexte pour le moins sulfureux, a-t-il eu vraiment tort ?

(36) Lettre de Guaita à Péladan de février 1887, *Lettres inédites*, op. cit.

(37) Lettre de Guaita, *L'Initiation* n°4, 2000. Voir l'article de J-C Faure, *St. de Guaita, maître des clés de la magie blanche*.

(38) Ibid.

Stanislas de Guaita, praticien d'une forme de magie salomonielle… Comment en douter aujourd'hui ? Surtout à la vue des pentacles [39] que Guaita aimait à dessiner le soir, avec l'appui de vieux grimoires oubliés auxquels il rendait vie. Si les livres de sa bibliothèque pouvaient parler, ils nous diraient peut-être quel magicien fut leur maître et dans quelles conditions il opérait ! Il faudra se contenter des souvenirs, précieux malgré tout, de l'un des rares à avoir pénétré le sanctuaire des sanctuaires : l'oratoire du mage.

« *Quand nous eûmes sonné, de Guaita lui-même vint nous ouvrir, une lampe à la main. Les paroles de présentation et d'accueil échangées, il nous fit entrer dans son cabinet de travail. Cette pièce était entièrement tendue d'étoffe rouge au plafond comme aux murs. Une grande glace, d'une limpidité parfaite, surmontait la cheminée. Au dessus du bureau, chargé de livres et de papiers, une belle gravure reproduisait le Saint Jean-Baptiste de Vinci et son sourire énigmatique. Comme meubles, quelques fauteuils moelleux et un large divan oriental qui régnait tout le long d'une paroi (…) Guaita remarqua que j'examinais, par contenance, une statuette d'Isis en or qui scintillait sur son bureau …* » [40]

---

(39) Voir le pentacle page 1 de l'article. Voir aussi celui reproduit dans *Les Lettres inédites de Guaita à Péladan*, 1952, Lausanne, p 144.

(40) Voilà une interprétation de la description qu'Adolphe Retté (1863-1930) fit de l'appartement parisien de Guaita : *Au Pays des Lys noirs*, Adolphe Retté, 1934, Téqui édit. Le pentacle au centre de la pièce n'est que pure supposition bien sûr… À laquelle n'a pas pu résister l'auteur de cet article.

L'Ordre Kabbalistique de la Rose+Croix

Arnaud De l'Estoile ©

Dans les dernières décennies du XIXème siècle, l'Occident est euphorique face aux possibilités immenses offertes par les découvertes scientifiques et le développement de l'industrie. La science et le positivisme semblent triompher et l'homme s'imagine que le modernisme va lui apporter bonheur et progrès continus. Pourtant, cette fin du XIXème siècle est aussi marquée par le renouveau de l'occultisme, mouvement souhaitant restaurer la sagesse antique, tout en aspirant, à l'instar d'un Papus, à en faire une science égale à celles professées dans les universités. Cette période fut donc propice à l'éclosion de nombre de sociétés secrètes. Parmi celles-ci, se distingue incontestablement l'Ordre Kabbalistique de la Rose+Croix, fondé par Stanislas de Guaita, *l'un des maillons les plus brillants de la chaîne magique des fils d'Hermès en Occident.*

I) Origine et fondation de l'Ordre

A) Origine

Le renouveau de l'occultisme dans la deuxième moitié du XIXème siècle et la permanence du prestige de la Rose+Croix furent les éléments principaux qui permirent la fondation de l'Ordre Kabbalistique de la Rose+Croix.

I — Le renouveau de l'occultisme

Le terme « occulte », au sens de ce qui est « non saisi ou non saisissable par l'esprit, au-delà de l'entendement ou du savoir ordinaire » date de 1545. En 1653, le terme s'élargit et englobe les sciences anciennes et médiévales, contenant un savoir ou faisant agir des forces de nature secrète et mystérieuse : magie, alchimie, astrologie, etc. Toutefois, les croyances, les théories et les techniques comprises sous le terme d'occultisme étaient déjà répandues à la fin de l'Antiquité. La magie, la théurgie, l'astrologie et même la nécromancie existaient en Égypte et en Mésopotamie quelque deux mille ans plus tôt. Ces savoirs et leurs pratiques, pourchassés impitoyablement à l'avènement du christianisme, devinrent la « philosophie occulte », dont l'occultisme est le fruit direct.

Si le mot « occultisme », en tant que tel, apparaît en 1842 dans le *Dictionnaire des mots nouveaux* de Jean-Baptiste Richard de Radonvilliers, c'est à Éliphas Lévi que l'on doit l'essentiel du contenu de ce terme. Sous son égide, l'occultisme devient une doctrine métaphysique, doublée de rites et de pratiques initiatiques. Ainsi, au sens noble et non galvaudé, l'occultisme est un essai d'explication du monde, de l'homme et de Dieu. Il est une vision de l'univers, une philosophie, une règle de vie. C'est un ensemble de spéculations et d'actions, basé sur la théorie des correspondances, le raisonnement analogique et la connaissance par l'intuition.

Le mouvement occultiste français naquit véritablement lorsque Alphonse-Louis Constant publia, en 1856, sous le nom d'Éliphas Lévi, *Dogme et rituel de la Haute Magie*. Celui-ci va reprendre le champ des sciences occultes des XVème et XVIème siècles, siècles d'or de la Renaissance. Martines de Pasqually, fondateur de l'ordre de la « Franc-maçonnerie des chevaliers Maçons élus Coëns de l'Univers » à la fin du XVIIIème siècle, le linguiste Fabre d'Olivet, le mathématicien polonais Hoëné-Wronski, avaient rouvert la voie après la rupture du XVIIème siècle, où l'occultisme avait été en partie marginalisé à la suite du développement de la pensée absolutiste, du fanatisme religieux et des débuts du rationalisme.

Ce mouvement connaîtra son apogée entre 1880 et la Première Guerre mondiale. L'occultisme entre alors en opposition à la « modernité » de l'époque, à laquelle il reproche d'avoir choisi le matérialisme et le rationalisme aux dépens de la spiritualité. Précision importante : pendant cette période, le mot occultisme sera souvent utilisé en lieu et place d'ésotérisme, avant que n'apparaisse la distinction guénonienne entre ésotérisme et occultisme. Mais cette différenciation s'est en partie estompée de nos jours. Ainsi, la séparation entre l'occultisme, les sciences tradition-nelles comme la magie, l'alchimie, l'astrologie et la tradition ésotérique elle-même est aujourd'hui moins accentuée.

La forme la plus pure, la plus profonde de cette tendance se trouva en France, alors qu'auparavant la philosophie occulte avait brillé surtout en Italie, en Allemagne, et en Angleterre. Ce fut plus particulièrement à Paris que se manifestèrent les meilleurs spécialistes de l'occultisme, ceux-ci voulant donner à leur discipline l'objectivité de la recherche scientifique et l'apparat de l'exégèse.

II — La Rose+Croix

Rappelons très brièvement que le vocable « Rose+Croix » est le nom donné à une confrérie d'initiés, de chercheurs spirituels apparus officiellement au XVIIème siècle et dont l'influence perdure jusqu'à nos jours. Les trois manifestes parus anonyme-ment, la *Fama Fraternitatis* (1614, à Cassel), la *Confessio Fraternitatis* (1615, à Cassel également) et enfin *Les noces Chymiques de Christian Rosenkreutz* (1616, à Francfort) expliquent la pensée et l'organisation de la Rose+Croix.

Cette fraternité aurait été fondée par Christian Rosenkreuz, personnage dont l'his-toricité n'est pas prouvée. Le succès de ces opuscules fut immense et la littérature suscitée sur le sujet considérable. La Rose+Croix se veut l'héritière d'une antique sagesse formant une fraternité secrète, dans laquelle on retrouve l'hermétisme égyp-tien, le gnosticisme, la kabbale, l'alchimie et l'ésotérisme chrétien. Les initiés Rose+Croix auraient le pouvoir de se rendre invisibles, d'effectuer des guérisons miraculeuses, de parler toutes les langues. On leur attribua également les dons de té-lékinésie, de transmutation des métaux, de prolongation de la vie, d'ubiquité, de té-lépathie, de voyance et de prophétie. Mais le rosicrucianisme est avant tout une quête spirituelle, ayant pour but d'éveiller les vertus de l'âme humaine.

À Paris, en 1623, des affiches placardées firent grand bruit. En effet, elles dévoilè-rent que « *Nous, députés du collège principal de la Rose+Croix, faisons séjour vi-sible et invisible dans cette ville, par la grâce du Très-Haut vers lequel se tourne le cœur des Justes. Nous montrons et enseignons sans livres ni marques à parler toutes sortes de langue des pays où nous voulons être, pour de tirer les Hommes, nos sem-blables, d'erreur de mort* ». La vague rosicrucienne avait atteint la France. Richelieu, troublé, demanda à son médecin et bibliothécaire, Gabriel Naudé, d'en-quêter. Ces recherches seront publiées la même année sous le titre : *Instruction à la France sur la vérité de l'histoire des Frères de la Rose+Croix.*

Indépendamment du fait de s'interroger sur la véracité ou non de l'existence à cette époque de la confrérie ou de chercher des indices quant à une existence antérieure au XVIIème siècle, nombreux sont les tenants de la Tradition ésotérique occidentale qui se réfèrent au rosicrucianisme du début du XVIIème siècle. Ils y voient une ma-nifestation majeure d'une « philosophia perennis », c'est-à-dire d'une pensée tradi-tionnelle aussi vieille que l'humanité. Ainsi, le rayonnement de la Rose+Croix sera tel que, dans la seconde moitié du XIXème siècle, nombre de sociétés secrètes vont se réclamer du mythe rosicrucien pour dénommer leur organisation. Ce sera le cas de l'Ordre instauré par le poète kabbaliste.

N'oublions pas également, comme le comprit Maurice Barrès, que « *de 1880 à 1887, les initiés eurent lieu de s'émouvoir : des sociétés étrangères intriguaient pour dépouiller la France et faire reporter à Londres la direction de l'Occultisme européen* ». Par ailleurs, à cette époque, nombre d'occultistes parisiens sont membres de la société théosophique. Mais l'enseignement orientalisant de celle-ci les gênait singulièrement. Papus, véritable « clé de voûte » de l'occultisme de la Belle Époque, souhaitait restaurer la tradition occidentale et faire, comme nous l'avons déjà indiqué, de l'occultisme une science égale à celles enseignées dans les universités. Il voulut placer cette restauration sous les auspices d'une tradition séculaire : ce sera aussi la tradition rosicrucienne.

B) Fondation

I — Stanislas de Guaita

Stanislas de Guaita vint au monde au château d'Alteville, propriété familiale située en Lorraine, le 6 avril 1861. Il le quitta le 19 décembre 1897, âgé seulement de 36 ans. Malgré sa mort prématurée, il eut le privilège d'être considéré de son vivant par ses pairs comme un classique. Il occupa ainsi une place de choix au sein des principaux protagonistes du renouveau de l'occultisme dans les dernières décennies du XIXème siècle parmi Éliphas Lévi, Papus, Sédir, Saint-Yves d'Alveydre, Marc Haven et d'autres.

Issu d'une famille noble d'origine lombarde, Stanislas de Guaita fut l'ami d'enfance et le camarade de classe de Maurice Barrès. À vingt-trois ans, il abandonne sa carrière de poète et décide de se consacrer corps et âme à l'occultisme, notamment après avoir lu *Le Vice suprême,* premier roman de Péladan, où affleure nombre de thèmes occultes, et les ouvrages d'Éliphas Lévi. À vingt-cinq ans, la publication de son premier ouvrage ésotérique, *Au Seuil du mystère,* le place d'emblée en chef de file de l'occultisme français. En 1888, il instaure l'Ordre Kabbalistique de la Rose+Croix.

Du coup, il se trouva fort impliqué dans les « coulisses » de l'occultisme de la Belle Époque où anathèmes, envoûtements à distance, duels, rivalités entre ordres rosicruciens firent les délices de la chronique parisienne. Le Mage d'Alteville se retrouva ainsi au centre de l'affaire Boullan, véritable « guerre des mages ». Accusé par Huysmans et Jules Bois d'avoir assassiné « à distance » l'abbé Boullan par envoûtement, il se battit en duel avec Jules Bois. La « guerre des deux roses », consécutive à sa brouille avec Péladan lorsque celui-ci créa son Ordre de la Rose+Croix Catholique du Temple et du Graal, le plaça à nouveau sous les feux de la rampe.

Maître incontestable de l'occultisme durant sa brève existence, Stanislas de Guaita fut également un grand amateur de livres anciens et un bibliophile averti. Sa bibliothèque occulte, rassemblant 2227 ouvrages et manuscrits enluminés, reste comme l'une des plus importantes jamais rassemblée par un collectionneur privé. Il poussa le plus loin possible sa quête, véritable sacerdoce personnel et émancipé, en observant, à juste titre, que « *le Dieu descend vers l'homme de génie, tandis que le Mage monte jusqu'au Dieu.* ». Il considérait que « *l'occultiste tend à pénétrer l'essence des choses et va déchiffrer à même la grande stèle de la Nature.* » Conscient de ses capacités occultes, il déclara sans hésiter : « *Moi, je suis d'une puissance inouïe et je fais ce que je veux, sur les fluides et sur les Esprits, par des procédés de haute et de divine magie...* ».

Mais, foudroyé en pleine jeunesse, dans des circonstances restées à jamais obscures, ajoutant ainsi le mystère à la légende, le « gentilhomme de l'occulte », personnalité incomparable, n'eut pas le temps d'achever sa grande trilogie, ses *Essais de Sciences Maudites (Le Temple de Satan, La Clé de la Magie Noire* et *Le Problème du Mal).*

II - Instauration de l'Ordre

Pourquoi Stanislas de Guaita ?

Lorsque parut la première édition de son livre *Au Seuil du mystère* en 1886, le succès fut immédiat et dépassa largement les prévisions les plus optimistes. Surtout, il plaça d'emblée Stanislas de Guaita en position de chef de file du courant occultiste français, bien qu'il ne fut âgé que de 25 ans. Ce fut un bouleversement dans sa vie, car il n'avait sans doute pas prévu de se retrouver ainsi au devant de la scène. Cet exposé historique, d'un étonnant modernisme, connut bientôt deux rééditions revues et augmentées. Cette œuvre impressionna le public. Matgioï exprimera le sentiment de beaucoup : « *Ce fut pour nous une révélation* ».

Devenu le pivot de l'occultisme français, sa possible initiation à une confrérie Rose+Croix entre avril et août 1886 est un élément déterminant quant à la résurgence d'un Ordre rosicrucien. Il est vraisemblable que l'utilisation d'un « nom mystique » dans sa relation épistolaire avec Joséphin Péladan soit le signe de cette initiation. Il s'octroie le nom de *Nebo*, initié apparaissant dans *Curieuse !* le deuxième tome de la *Décadence latine,* vaste fresque de Péladan. Il utilise désormais ce hiéronyme pour signer sa correspondance avec son ami. Parfois il n'hésite pas à signer *Nebo R + C* (lettres du 13 août et du 25 septembre 1886).

Précisons que Stanislas fut d'abord un grand admirateur et un disciple de Péladan, marqué, comme nous l'avons vu, par la lecture du *Vice suprême*, qui avait « éveillé le mage qui sommeillait en lui ». Devenus proches, s'écrivant régulièrement, ils échafaudèrent un projet qui leur tenait à cœur : restaurer l'Ordre de la Rose+Croix. Dans une lettre du 27 juin 1885, le poète kabbaliste évoque déjà la mise en place « d'un collège de mages ». Les lettres échangées entre les deux amis semblent donc montrer que Péladan fut l'initiateur rosicrucien de Guaita par l'intermédiaire de Firmin Boissin dit Simon Brugal, journaliste né en 1835, et considéré comme l'un des principaux personnages du cénacle de la Rose+Croix toulousaine. À moins que Boissin ne fut son initiateur direct. Celui-ci était devenu le « grand Conservateur » de l'Ordre de la Rose+Croix de

Toulouse créé en 1850 par le vicomte de Lapasse. Ainsi, Stanislas de Guaita signa sa lettre du 12 août 1886 de son nom initiatique Nebo et tutoya Péladan. Or, il le vouvoyait dans son courrier précédent, daté du 1er avril 1886, et signait encore Guaita. On peut donc raisonnablement supposer que le Mage d'Alteville fut initié à la Rose+Croix pendant la période qui s'étend entre ces deux lettres. Dans cette correspondance du 12 août 1886, Guaita emploiera même le terme « Ta créature » et citera Boissin sous le terme Bois + Sin. Le Mage d'Alteville a-t-il été reçu dans l'ordre par Péladan ou par Firmin lui-même ? Nous restons au stade des hypothèses.

Quant à Péladan, il avait déjà pris comme « nom mystique » Mérodack auquel il accolait le titre de Sâr. Précisons que Sâr signifie roi en assyrien et que Mérodack est le dieu chaldéen associé à Jupiter. Joséphin tenait une grande partie de ses connaissances occultes de son frère Adrien. Celui-ci, décédé accidentellement le 29 septembre 1885 à la suite d'une erreur de dosage sur la composition d'un médicament qu'il souhaitait essayer, était aussi lié au milieu de la Rose+Croix de la ville rose. D'ailleurs dans l'hypothèse où il y aurait eu un Grand Maître de la Rose+Croix de Toulouse, le frère de Péladan en fut probablement le dernier. Mais sa mort brutale lui aurait empêché de transmettre la Grande Maîtrise à Joséphin ou quelqu'un d'autre.

C'est donc Boissin qui dut assurer la continuité de l'Ordre. Mais les progrès du poète kabbaliste en sa maîtrise de l'ésotérisme et des sciences occultes furent tels que c'est à lui que revint la charge d'être le premier Grand Maître, alors que Boissin avait demandé au Sâr de rénover la Rose+Croix de Toulouse. D'ailleurs, Péladan avait reconnu implicitement les capacités de son ami, puisque le Mage d'Alteville avait en sa possession un livre posthume de son frère Adrien, l'*Anatomie homologique*, paru en 1886, préfacé par Joséphin avec l'envoi suivant : « *À mon cher ami l'adepte Stanislas de Guaita qui a remplacé un moment pour moi celui qui n'est plus. Son adelphe reconnaissant, Joséphin Péladan.* » Il est possible également que Péladan, à ce moment très lié à Stanislas, lui ait laissé cette charge par amitié.

C'est donc sous les auspices du renouveau de l'occultisme, du prestige de la Rose+Croix, de la probable initiation de Stanislas de Guaita, de sa position de chef de file de l'occultisme consécutif à l'engouement provoqué par son livre *Au seuil du mystère* et de la constitution d'un cénacle informel — véritable tribunal Rose+Croix — dans le but de condamner les pratiques scatologiques de l'abbé Boullan, qu'émergea l'idée de la constitution de l'Ordre Kabbalistique de la Rose+Croix. Ainsi, selon les propres termes du Mage d'Alteville :

« *L'ordre antique de la Rose+Croix était sur le point de s'éteindre, il y a trois ans, quand deux héritiers directs de ses augustes traditions [lui et Péladan] résolurent de le rénover, en l'affermissant sur de nouvelles bases : on reconstitua le Conseil occulte des Douze ; les cadres du 2e degré ne tardèrent à se remplir. Un cercle extérieur fut enfin créé, et maintenant la vie circule à flots dans l'organisme mystique du colosse rajeuni* ».

De ce fait, en passant de Toulouse à Paris (1887-1888), la Rose+Croix rénovée devint l'Ordre Kabbalistique de la Rose+Croix et adopta sa structure définitive en mai 1888. L'influence prépondérante des œuvres d'Éliphas Lévi dans la pensée de Guaita, l'importance accordée à la Kabbale par des grands rosicruciens (notamment Khunrath) paraît être à l'origine de l'emploi du terme « kabbalistique » dans la dénomination de l'Ordre.

Soulignons également que l'année 1888 fut particulièrement fertile en événements ésotériques. Outre l'instauration de l'Ordre Kabbalistique de la Rose+Croix, relevons la fondation de *The Hermetic Order of the Golden Dawn* ou l'Ordre Hermétique de l'Aube Dorée par trois francs-maçons éminents : William Wynn Westcott, Samuel Liddell Mac Gregor Mathers et R. William Woodman et ce, sur la base de mystérieux manuscrits rosicruciens codés. Le premier temple « Isis Urania » verra le jour à Londres. Parallèlement Frantz Hartmann fonde l'Ordre de la Rose+Croix ésotérique. Papus et Augustin Chaboseau échangent leur initiation martiniste. Le même Papus fonde la revue *L'Initiation* en octobre et publie son *Traité élémentaire de science occulte*. Enfin François-Charles Barlet (alias Albert Faucheux) quitte la Société Théosophique tandis que parait à Londres la première édition de *La Doctrine Secrète* d'Helena Petrovna Blavatsky.

Mentionnons aussi la version de Robert Ambelain, qui considérait que Stanislas de Guaita tenait sa filiation des rosicruciens anglais. Pour lui, et s'appuyant sur le témoignage d'Augustin Chaboseau et la documentation de Victor-Émile Michelet, lorsqu'Éliphas Lévi se rendit à Londres en 1854, il rencontra des initiés anglais, membres d'antiques fraternités et versant dans la théurgie, en particulier Lord Edward Bulwer-Lytton. Ils étaient, toujours selon Robert Ambelain, les successeurs directs et réguliers, par filiation ininterrompue, des rosicruciens anglais des XVIème, XVIIème et XVIIIème siècles. C'est pendant ce séjour que l'ancien diacre réalisa sa célèbre évocation d'Apollonius de Tyane et qu'il reçut sous forme sacramentelle, cette filiation ésotérique rosicrucienne. Éliphas Lévi l'aurait ensuite transmise à l'abbé Lacuria, après son retour en France. Celui-ci l'aurait perpétuée auprès du docteur Adrien Péladan qui l'aurait lui-même transmise à son célèbre frère, le Sâr Péladan et à Guaita. Adrien étant mort en septembre 1885 et Stanislas initié entre avril et août 1886, il apparaît peu probable qu'il reçut cette transmission directement d'Adrien.

II) ORGANISATION, CURSUS ET ÉVOLUTION DE L'ORDRE

A) Organisation

Stanislas de Guaita fut nommé Grand Maître dès l'instauration de l'Ordre. Celui-ci était dirigé par un Suprême Conseil de douze membres, dont six devaient rester inconnus, leur rôle consistant à réédifier l'organisation si, pour une cause quelconque, elle venait à être dissoute. Les six premiers membres connus furent donc : Guaita, Péladan, Papus, Barlet, Paul Adam, Julien Legay. Les six autres demeurèrent totalement inconnus au point que nombre d'auteurs émirent des doutes quant à leur existence réelle. Le mystère reste entier.

Parmi ceux qui, à une époque ou une autre, furent membres du « Conseil des Douze », mentionnons A. Gabrol, Henry Thorion, Chaboseau, Victor-Émile Michelet, Paul Sédir, Oswald Wirth, l'abbé Alta, Marc Haven. Tous ces dirigeants devinrent les proches de Guaita ou du moins gravitèrent dans son cercle. La fine fleur des occultistes français s'était regroupée autour du jeune marquis.

Le Suprême Conseil, présidé dès lors par le Mage d'Alteville, comprenait trois chambres : la chambre de Direction (Barlet, Papus), la chambre de Justice (Paul Adam, Julien Lejay et l'abbé Alta) et la chambre d'Administration (Wirth et Chaboseau). Chaque membre y appartenant fut considéré comme un « frère illuminé de la Rose+Croix ». Un règlement particulier organisait la composition du Suprême Conseil ainsi que le mode d'élection et de renouvellement de ses membres. À ces chambres directoriales s'ajoutèrent une chambre dogmatique présidée par Barlet, une chambre de l'esthétique confiée à Péladan jusqu'à son départ et enfin une chambre de la propagande dirigée par Papus.

Grâce à un numéro de la revue de L'Initiation de 1889, on sait que le signe distinctif des membres du Conseil était la première lettre de l'alphabet hébreu Aleph (?). Chaque nouveau membre prêtait serment d'obéissance aux directeurs du comité supérieur. Sa liberté était conservée au sens où il pouvait quitter la société quand il lui plaisait, sous la seule condition de garder secret les ordres ou les enseignements reçus. La kabbale dans toutes ses ramifications, l'occultisme en général étaient étudiés dans les deux premiers degrés.

La constitution de l'Ordre stipulait que :

« En apparence, la Rose+Croix est une société patente et dogmatique pour la diffusion de l'Occultisme.
En réalité, c'est une société secrète d'action pour l'exhaussement individuel et réciproque ; la défense des membres qui la composent ; la multiplication de leurs forces vives par réversibilité, la ruine des adeptes de la magie noire ; et enfin la lutte pour révéler à la théologie chrétienne les magnificences ésotériques dont elle est grosse à son insu.
En somme c'est un arbre dont les racines doivent puiser leurs éléments nutritifs dans le sol fertile du premier degré (biologie) ; dont les branches doivent fleurir en fraternité scientifique dans le deuxième degré (théorie) ; et fructifier en œuvres dans le troisième degré (pratique).
Dans la pépinière du premier degré, le conseil des Douze (troisième degré), choisit les membres du second degré. Les membres du deuxième degré (à fortiori, le cas échéant, ceux du troisième) organisent des conférences pour l'enseignement des membres du premier degré dont ils doivent diriger les études. Mais leur rôle principal est d'exécuter les instructions du Conseil des Douze.
Les adeptes du deuxième degré se trouvent ainsi à cheval sur le mur qui sépare le patent de l'Occulte, l'Externe de l'Interne, et la société ouverte, dogmatique, de la société secrète d'action.
Les membres du deuxième degré ont le droit d'adresser des vœux aux Douze, mais individuellement. Réunis, ils ne peuvent ni délibérer, ni prendre des conclusions quelles qu'elles soient, au sujet des instructions reçues des Douze. Les membres du deuxième degré jurent le secret et doivent l'obéissance. Néanmoins, ils sont libres de se retirer en démissionnant : à charge simplement de tenir en gens d'honneur leur serment de discrétion, sur tout ce qu'ils ont pu connaître de nos mystères et de nos délibérations, y compris l'ordre même qui a motivé leur retraite.

Les douze prennent des décisions à l'unanimité des voix, et les membres du deuxième degré en exécutent la teneur. Un seul des douze, opposant son veto formel, suffit à faire repousser un projet et passer, sans discussion, à l'ordre du jour pur et simple. Cependant (et ceci restera secret parmi les Douze) ... etc. »

Ces passages ne sont donc que des extraits d'une constitution restée rigoureusement cachée, comme cela est indiqué sans ambiguïté dans les dernières lignes. Le poète kabbaliste le confirme, en sa notice sur l'Ordre de la Rose+Croix, parue dans l'édition de 1890 d'*Au Seuil du mystère* (et supprimée dans les éditions suivantes…) : une partie de la constitution de l'Ordre est maintenue secrète et les informations précitées ne sont qu'un fragment. Seuls les signataires de ce concordat (ce sont ses propres termes) ont le privilège de connaître la totalité de l'organisation de l'Ordre.

B) Cursus

L'extrait du règlement précisait que : « *toute personne désirant entrer dans l'Ordre doit en faire la demande à Monsieur Papus, 29, rue de Trévise, Paris. Une enquête est aussitôt ouverte sur le candidat, d'après les titres fournis par lui-même à l'appui de sa demande et d'après toutes les indications que le Conseil Suprême pourra recueillir. Si cette enquête est favorable, le candidat est convoqué devant le jury d'examen au jour et à l'heure déterminés par le règlement.* »

L'Ordre était structuré autour d'une hiérarchie de trois grades : bachelier en kabbale, licencié en kabbale et docteur en kabbale. Tous les grades de l'Ordre étaient acquis à l'examen. Aucune dérogation n'était faite à ce principe. Les trois grades conféraient la dignité de Rose+Croix.

Le premier examen portait :

1°) Sur l'histoire générale de la Tradition occidentale, nommément sur l'Ordre de la Rose+Croix et les tentatives d'accaparement dont cet ordre a été l'objet de la part des divers sectarismes ;
2°) Sur la connaissance des lettres hébraïques, de leur forme et de leur nom.

La satisfaction aux connaissances énoncées dans ce programme donnait au candidat le titre de bachelier et un diplôme spécial lui était délivré.
En cas d'échec à l'examen, l'ajournement était de deux mois.

Le second examen portait :

A) — Sur l'histoire générale de la Tradition religieuse au cours des âges, en insistant particulièrement sur l'Unité du dogme à travers la multiplicité des symboles.
— Sur la connaissance des mots hébraïques quant à leur constitution, sans insister sur leur sens, non plus que sur les points voyelles.

Cette partie de l'examen était orale, et, en cas de réception, elle était acquise aux candidats.

B) — Outre cette partie orale, un examen écrit portant sur une question philoso-phique, morale ou mystique devait être subi par le candidat. Deux heures étaient données pour cette composition.

La réception à l'examen donnait le titre de licencié en kabbale et un diplôme spécial était délivré au candidat.

Le troisième examen consistait en la soutenance d'une thèse avec discussion sur tous les points de la tradition orale. Cette thèse pouvait consister, soit dans une œu-vre originale, soit dans la traduction d'un ouvrage ou d'une partie d'un ouvrage éso-térique avec commentaires.

Comme l'expliqua Papus, à côté des classiques du positivisme, la Rose+Croix créa les classiques de la kabbale : Éliphas Lévi, Hoëné-Wronski, Fabre d'Olivet. Elle mit à l'étude les œuvres des véritables théosophes, Jacob Boehme, Swedenborg, Martines de Pasqually, Saint-Martin. Ainsi, des élèves nombreux et déjà versés dans les sciences et les lettres profanes, ingénieurs, médecins, professeurs, littérateurs, s'affilièrent. Cette floraison d'intellectualité s'imposa vite à toutes les sociétés ini-tiatiques de l'étranger par la publication d'une belle série de thèses de doctorat en kabbale. C'est Guaita qui la dirigeait. Sa prodigieuse érudition lui permettait d'in-diquer en toute sûreté les sujets de thèse pour la « *plus grande gloire de l'Ordre et de la vieille réputation des écoles initiatiques françaises* ». Ainsi, Papus pensait qu'une véritable aristocratie d'intellectuels était créée dans l'initiation grâce à cet Ordre de la Rose+Croix, et qu'« *un collège de France de l'ésotérisme* » était consti-tué, dont l'influence s'étendait vite au loin.

En énumérant quelques sujets de thèses, il est possible de caractériser l'orientation générale de l'Ordre. Voici des exemples extraits de la revue *L'Initiation* de novem-bre 1894 : Parvus : *Du symbolisme de l'équerre en franc-maçonnerie* ; Lézard : *La Gnose de Valentin* ; Paul Sédir : *Urim et Thummim* ; Docteur Delezinier : *Du sens et du symbolisme du mot Caïn* ; Albert Poisson : *La monade hiéroglyphique de John Dee* ; H. Girgois : *La Franc-maçonnerie en Argentine ;* Marc Haven : *Une planche de Khunrath* ; Paul Sédir : *Le système solaire d'après la Kabbal*e ; Albert Poisson : *La vie de John Dee* ; Barlet et Lejay : *L'Art et l'ésotérisme* ; Papus : *Isis, son nom et ses mystères* ; H. Girgois : *L'Occulte chez les aborigènes de l'Amérique du Sud* ; H. Château : *Le Zohar, traduction française*.

C) Evolution

Précisons en premier lieu que l'Ordre Kabbalistique de la Rose+Croix attira une ma-jorité des grands occultistes de l'époque. Citons parmi eux, Paul Adam (1862-1920), Jollivet-Castelot, August Reichel, l'Abbé Alta (Melingé), François Barlet, Marc Haven alias le Docteur Lalande (1868-1926), Edouard Blitz, August Strindberg (1849-1912), Victor Blanchard (Sâr Yesir), Lucien Mauchel (alias Chamuel), Paul Sédir alias Yvon Le Loup (1871-1926), Pierre Augustin Chaboseau, etc. En 1890, l'Ordre revendique « *plus d'un millier de membres* ».

Indépendamment de la « guerre des deux roses », qui opposa Guaita et Péladan entre mai 1890 et mars 1893, après la création par le Sâr de l'Ordre de la Rose+Croix Catholique du Temple et du Graal, mais qui n'impacta pas sur l'évolution proprement dite de l'Ordre Kabbalistique de la Rose+Croix, l'évolution majeure de l'Ordre fut son alliance avec le martinisme. Rappelons succinctement que le martinisme est fondamentalement un « ésotérisme judéo-chrétien ». Si le martinisme, en sa forme moderne, est une école initiatique fondée par Papus, il s'inspire de plusieurs systèmes précédents créés voire codifiés entre la fin du XVIIIème siècle et le début du XIXème siècle par Martines de Pasqually (1727-1774), Jean-Baptiste Willermoz (1730-1824) et Louis-Claude de Saint-Martin (1743-1803).

Ainsi, le martinisme peut désigner, en son acception globale, autant le système théurgique de Pasqually que l'ordre para-maçonnique créé par Willermoz ou le système de la voie interne ou cardiaque de Saint-Martin. Le terme peut s'appliquer également à ceux qui s'inspirent de façon plus générale de Martines de Pasqually ou de Saint-Martin. Pour être rigoureux, il conviendrait d'appliquer le terme de « martinézisme » pour le système de Martines de Pasqually, de « willermozisme » pour la doctrine de Willermoz et de « saint-martinisme » pour la pensée de Saint-Martin ; le terme martiniste s'appliquant à l'ordre créé par Papus.

Lorsque que Papus et Augustin Chaboseau (bibliothécaire du Musée Guimet et spécialiste du bouddhisme) s'aperçurent, en 1888, qu'ils avaient chacun une filiation martiniste, ils décidèrent de les échanger et de les fusionner. Après un développement informel, le « Balzac de l'occultisme » officialisa l'existence de l'Ordre martiniste par un manifeste publié en février 1889 dans la revue L'Initiation. Ses statuts furent édités en 1890 et le Suprême Conseil fut constitué en mars 1891. Stanislas de Guaita, Joséphin Péladan, Lucien Chamuel, Paul Sédir, Maurice Barrès et Paul Adam en firent immédiatement partie. Le 5 juillet 1892, l'Ordre Kabbalistique de la Rose+Croix s'allia au martinisme par un traité. À cette occasion, le Mage d'Alteville considéra que « le Martinisme et la Rose+Croix constituent deux forces complémentaires, dans toute la portée scientifique du terme. »

L'Ordre devint alors strictement réservé aux martinistes titulaires du grade « S.?.I.?. » (Supérieur Inconnu). Pour prétendre au 1er degré, il fallait dorénavant se justifier titulaire du 3e grade martiniste (S.?.I.?.). L'Ordre Kabbalistique de la Rose+Croix avait maintenant pour rôle principal de parfaire la formation des martinistes.

Tout affilié Rose+Croix avait donc gravi les trois degrés martinistes. Selon Robert Ambelain, le nombre de membres total ne devait plus dépasser 144 et lorsque ce quota fut atteint, Guaita bloqua le recrutement et ce, de façon définitive. Pourtant, en 1890, l'Ordre revendique, comme déjà indiqué, « plus d'un millier de membres ».

En juin 1895, le jeune marquis décida d'apporter des modifications à son auguste fraternité. Il précisa ainsi que les membres connus et les membres occultes du Suprême Conseil, appartenants seuls au cercle intérieur de l'Ordre, avaient seuls droit au titre traditionnel de Frères Illuminés de la Rose+Croix. Quant aux titulaires des grades de bachelier, licencié et docteur en Kabbale, ils ne pouvaient, conformément à la lettre des diplômes, se prévaloir que du titre de membres du cercle extérieur de la Rose+Croix. Le 1er juillet 1895, Guaita supprima définitivement les examens par correspondance et il les instaura annuellement à Paris.

D) L'Ordre après la mort du Mage d'Alteville

Après le décès de Stanislas de Guaita le 19 décembre 1897 (soit neuf ans après la rénovation de l'Ordre Kabbalistique de la Rose+Croix), Barlet fut élu en janvier 1898 par le Suprême Conseil mais n'exerça jamais sa fonction. L'Ordre tomba alors plus ou moins en sommeil. Papus, exerçant une domination de fait, en recueillit alors la direction jusqu'à la Première Guerre mondiale en 1914, mais sans grand succès. En effet, Papus privilégiait le martinisme. En conséquence, l'Ordre ou du moins sa manifestation extérieure, fut plus ou moins absorbé par la branche martiniste. Teder prit la suite en octobre 1916, après la mort de Papus, jusqu'à la sienne en 1918.

Après ces trois Grands Maîtres, il devient difficile d'établir une succession suite aux divisions apparues après la nomination de Jean Bricaud à la tête de l'Ordre Martiniste. En effet, s'opposant à la maçonnisation de l'Ordre voulu par Bricaud, Victor Blanchard fonda, en 1920, l'Ordre Martiniste Synarchique et Chaboseau créa l'Ordre Martiniste Traditionnel. À titre indicatif, le titre de Grand Maître del'Ordre Kabbalistique de la Rose+Croix se serait donc transmis (soit en filiation directe, soit parallèlement en suivant les méandres et soubresauts des différents Ordres Martinistes) à de hautes personnalités ésotériques du martinisme ou de la franc-maçonnerie égyptienne comme Lucien Chamuel, Victor Blanchard, Pierre Augustin Chaboseau, Georges Lagrèze ou comme Jean Bricaud, Constant Chevillon, Charles-Henry Dupont.

Il est sûr, cependant, que Robert Ambelain, décédé le 17 mai 1997, a déclaré le 23 décembre 1957 à la préfecture de police de Paris une association portant le nom d'Ordre Kabbalistique de la Rose+Croix, dont le siège social était fixé au 34, rue Saint-Jacques à Paris (Ve arrondissement). Dans le courrier adressé à la préfecture, il atteste que cette organisation, déjà ancienne, n'a certainement jamais été déclarée comme telle, même après enquête. Il précise également que la préfecture n'a jamais retrouvé trace d'une quelconque déclaration à la fin du XIXème siècle ou au début du XXème siècle. Il révèle que les sceaux, clichés, statuts lui sont parvenus par voie de succession régulière et qu'il va, selon ses propres termes, réveiller cette organisation de façon active avec quelques amis (ce qui tente bien à prouver que l'Ordre était en sommeil). Il avait pourtant affirmé le 30 novembre 1953, en son ouvrage *Templiers et Rose+Croix*, que :

« *la filiation rosicrucienne issue de l'Ordre Kabbalistique de la Rose+Croix n'est nullement éteinte, mais elle est exclusivement réservée aux Occultistes se réclamant du christianisme ésotérique et de la kabbale* » et qu'elle « *se pose en adversaire déclaré de tout occultisme inférieur, qu'il soit professionnel ou charlatanesque, ou réel mais "noir" (magie pratique, sorcellerie ...)* ». Ainsi, « L'Ordre » qui n'est pas réservé aux profanes se doit de rénover et maintenir l'occultisme traditionnel. En effet, son but n'est pas de vulgariser les sciences occultes mais de rassembler et éclaircir les enseignements ésotériques traditionnels.

Enfin, n'oublions pas qu'une résurgence de la fraternité fondée par Stanislas de Guaita se fit jour en 2006 en affirmant que, même si l'Ordre extérieur a cessé d'exister, l'Ordre intérieur a connu une succession ininterrompue jusqu'à ce jour. Grand Maître de l'Ordre extérieur et Grand Patriarche Rose+Croix (celui-ci étant à la tête de l'Ordre intérieur) auraient été les mêmes individus jusqu'à Jean Bricaud. Ensuite les fonctions furent séparées, consécutivement à la disparition de l'Ordre extérieur, et la transmission occulte des Grands Patriarches Rose+croix serait passée, après Jean Bricaud, à Louis-Marie François Giraud puis à Jean Brouillet. Ensuite, fut nommé Patrice Truchemotte qui choisit comme successeur Jean-Louis de Biasi en 1988. Celui-ci aurait été chargé de réactiver l'Ordre extérieur en 1999 (respectant le cycle rosicrucien de 111 ans) pour aboutir à l'ouverture des premiers chapitres extérieurs en 2006.

Les Illuminés et le Prieuré de Sion

Serge Caillet ©

A la question « que pensez-vous du Prieuré de Sion ? », désormais immanquablement associée à la question « que pensez-vous des Illuminati ? », que l'on m'a posées bien souvent depuis la publication des romans de Dan Brown et de l'adaptation cinématographique de l'un d'eux, je sais désormais apporter une réponse documentée : lisez l'ouvrage de Massimo Introvigne !

Après tant de commentaires plus ou moins savants et d'explications en tous genres à propos du *Da Vinci Code*, voici enfin le livre que certains, dont je suis, attendaient : *Les illuminés et le Prieuré de Sion* (Xenia, 2006). Qui mieux que Massimo Introvigne pouvait nous l'offrir ? Car l'auteur connait, sinon mieux que personne du moins mieux que beaucoup d'auteurs, les deux questions qui inquiètent les profanes et amusent ou agacent les amateurs de choses cachées. Voici donc, en moins de deux cents pages — et cela suffit — l'affaire, ou plutôt les deux affaires traitées une fois pour toute en les ramenant à leur réalité. Quelle réalité ?

Les Illuminati, c'est-à-dire les Illuminés de Bavière fondés par Adam Weishaupt (1748-1830), ont vu le jour au XVIIIème siècle et n'y ont pas survécu. En l'espèce, rien de meilleur que la thèse de René Le Forestier, *Les Illuminés de Bavière et la franc-maçonnerie allemande* (1914, nouv. éd., Archè, 2001) à laquelle Massimo Introvigne emprunte l'essentiel. Un réveil des Illuminés, sous l'autorité de Leopold Engel (1858-1931), au début du XXème siècle, rattache la nouvelle lignée à la magie sexuelle templarisante d'un Karl Kellner (1850-1905) et d'un Theodor Reuss (1855-1923), en marge de certains rites de la maçonnerie occultiste. Puis les Illuminés se fondront dans maintes succursales de *l'Ordo templi orientis*, de Reuss et de Crowley. Tout le reste n'est que mauvaise littérature.

Quant au Prieuré de Sion, l'histoire est plus courte encore : une fondation de Pierre Plantard (1920-2000) escroc ou mythomane, les deux peut-être, en 1956, que celui-ci amendera, pour suivre le sens du vent, au fil des années, en y associant les templiers, Rennes-le-Château et l'abbé Saunière. Des fondations antérieures de Plantard, notamment l'*Alpha Galates* (où l'on retrouvera quelques grands noms de l'occultisme) marquent les étapes de la préhistoire du soi-disant Prieuré. Des bagarres et des schismes marquent son histoire contemporaine. Des auteurs comme

Gérard de Sède et Baigent, Leigh et Lincoln contribueront à leur tour — complices ou naïfs ? — à donner au mythe ses lettres de noblesses, jusqu'à l'apothéose du *Da Vinci Code*. En bref, point de Prieuré de Sion au Moyen-Age (ni même au XVIII^{ème}siècle contrairement à ce que finira pas dire Plantard), mais des faux documents en masse pour accréditer une piteuse légende aujourd'hui transformée en *best seller* !

Qu'il s'agisse des Illuminés ou du Prieuré, la documentation et la démonstration de Massimo Introvigne sont sans faille. De surcroît, l'auteur ne se prive pas de manier l'ironie comme une arme qui fait mouche, et c'est tant mieux lorsqu'il s'agit de démasquer tant d'escroqueries intellectuelles et morales, en rétablissant des faits qui sont patents. Tout au plus puis-je regretter pour ma part que la plume de l'ami Massimo soit parfois tentée de ranger dans le même panier de parfaits escrocs et de grands occultistes (car Cagliostro ne se réduit pas à la caricature d'un charlatan, et Robert Ambelain n'était pas une « diva du demi-monde des organisations ésotéristes françaises » !), mais il est vrai que ce ne sont là que des détails.

D'aucuns pourraient également reprocher à Massimo Introvigne ses attaches vaticanes, voire sa défiance de l'occultisme. Mais voilà qui est bien son droit, d'autant que celles-ci n'affectent en rien son jugement et sa vision d'une histoire navrante qu'il a su mettre en lumière, en rassemblant et en commentant une documentation inattaquable. Massimo Introvigne reste incontestablement un grand spécialiste du petit monde des nouveaux mouvements religieux et des sociétés initiatiques. Une fois encore, il a fait œuvre utile en mettant un point final — pourquoi ne pas rêver ? — à deux histoires de la plus haute fantaisie.

Petit aperçu général sur les Illuminati & Pierre Zaccone

Dominique Dubois ©

Beaucoup d'encre a coulé sur l'histoire des *Illuminati* ou *Illuminés de Bavière*, un ordre qui n'était pas à l'origine, il faut encore et à l'instar des historiens passés le mentionner, une association maçonnique. Johann Adam Weishaupt (1748-1811), professeur de droit à l'université d'Ingolstadt, en fut le fondateur. Cette singulière mouvance, qui avait vu le jour le 1er mai 1776, professait et diffusait à la fois (avec discrétion !) un illuminisme radical, philosophique et politique. En définitive et en d'autres termes, leur projet et leur but étaient d'anéantir sans aucune concession et « le plus possible et le plus vite possible », selon la célèbre formule lapidaire de Weishaupt, le pouvoir des régimes monarchiques. D'ailleurs cette modeste société secrète joua dans ses débuts un rôle important dans la campagne anti-cléricale qui se déroula à cette époque en Bavière. Pierre Zaccone (nous reviendrons succinctement sur ce personnage) nous en brossa en 1840 un portrait.

En 1777, Adam Weshaupt reçut, dans une loge de la Stricte Observance de Munich, la lumière maçonnique par l'entremise du baron Adolph von Knigge (1752-1796), un personnage aux mœurs plutôt troubles, si l'on en croit certains auteurs ou détracteurs, et qui avait aussi un attrait prononcé pour tout ce qui touchait à l'alchimie ou à la pierre philosophale. D'ailleurs Knigge, qui était un expert en « hauts grades » de la maçonnerie, avait tenté naturellement et sans succès d'entrer à la Rose-Croix d'Or, un ordre réputé pour son dépôt initiatique particulier ; c'est-à-dire : l'hermétisme alchimique et l'ésotérisme chrétien.

Knigge devint le véritable organisateur de cet ordre bavarois et avait donné à sa structure interne un rituel faussement ésotérique destiné à masquer — pour les premiers grades — une orientation délibérément rationaliste et « pré-jacobine ». Antoine Faivre, à qui l'on doit un érudit ouvrage sur « l'ésotérisme du XVIIIème siècle » [41], écrivait que la majorité des membres, très nombreux en Allemagne, ignorait le but véritable, purement politique et révolutionnaire, des chefs de cette association qui n'a rien d'ésotérique malgré l'expression « Illuminés de Bavière ».

Le non maçon mais érudit historien René Le Forestier (1868-1951), qui l'a précédé de quelques dizaines d'années dans cette thématique particulière, fut sans doute celui qui fit un historique aussi complet que possible sur l'ordre des Illuminés. Il est vrai que son ouvrage intitulé « *Les Illuminés de Bavière et la Franc-Maçonnerie allemande* » (1915) [42] éclaira à bien des égards la vie occulte

---

(41) Antoine Faivre in *L'ésotérisme au XVIIIe siècle*, La Table d'Emeraude, Seghers, Paris, 1973.
(42) Ouvrage monumental de 729 pages ; Librairie Hachette, Paris, 1915.

de cette époque ; les chapitres abordés dans son livre sur la genèse des Illuminati, leurs doctrines politiques et religieuses, leurs buts et l'influence qu'ils eurent sur les évènements contemporains et en particulier sur la Révolution française, attirèrent l'attention de nombreux lecteurs sérieux et demeure à ce titre et de nos jours encore une référence incontournable. Il est certain que depuis le premier jet amorcé du marquis de Luchet, *Essai sur la secte des Illuminés* (1789), auteur bien connu pour avoir écrit par ailleurs un pamphlet contre Cagliostro [43], René Le Forestier eut la chance d'avoir entre ses mains tous les papiers confisqués au cours des persécutions de 1786 contre l'Ordre, documents que possédaient autrefois l'écrivain Becker et le fanatique J. J.C. Bode (1730-1793).

Comme le notifiait la librairie *Dorbon-Aîné*, dans son utile et volumineux catalogue [44], bien des chapitres seraient à citer dans le livre de Le Forestier, mentionnons en parfait *compendium* ceux relatifs au testament philosophique de Weshaupt ; à la Légende de l'Illuminisme ; aux émissaires de l'Ordre en France ; aux aveux de Cagliostro ; au voyage de Mirabeau en Prusse ; à Bode et au Convent des Philalethes en 1787, visite au cours de laquelle Bode convertit à l'Illuminisme le duc d'Orléans, grand-maître de l'Ordre Maçonnique, Fauchet, Mounier, Bailly, Condorcet, La Fayette, etc... ; aux Rose-Croix de Bavière ; aux rapports de l'Illuminisme et de la Franc-Maçonnerie avec la Révolution française ; aux prolongements de l'Ordre sous Napoléon sous forme d'associations d'étudiants ; aux critiques des divers historiens, Robison, Barruel, Lombard de Langres, le P. Deschamps, etc.

Bien entendu, il n'est pas question dans ce présent article de nous étendre sur l'histoire des Illuminati mais d'en relever — en guise d'introduction sur le chapitre des Illuminés de Pierre Zaccone qui va suivre — succinctement les faits marquants.

Dernier épisode à signaler et qui concerne, sans réelle surprise, un point crucial sur la réception, par les milieux ésotériques, de l'Ordre des Illuminés de Bavière. Celui-ci subit le feu nourri de la critique, notamment de la part de la Rose-Croix d'Or qui était, pour préciser, un point de ralliement de divers conservatismes politiques et philosophiques — avec la bénédiction de Karl von Eckartshausen, de Willermoz et de tant d'autres maçons chrétiens, issus de la Stricte Observance Templière. La guerre était ouvertement déclarée à une secte maçonnique qui voulait saper la religion chrétienne et faire de la Maçonnerie un système politique. Cette action belliqueuse et les efforts conjugués de la part des chrétiens maçons ou non furent couronnés de succès puisque la police bavaroise porta en 1785 ou 1786 le coup de grâce définitif à cette mouvance para-maçonnique qui ne s'en relèvera jamais.

En revanche, tout un mythe extraordinaire se développa après la disparition des Illuminati et se para, au fil du temps, de mille feux. Il est vrai, comme il est admis de nos jours, que le « Romantisme » aura été le courant littéraire qui a le plus mis l'accent sur l'irrationnel, le monde onirique, le légendaire, les sociétés secrètes, le surnaturel, les royaumes de la magie et du mystère, etc... D'ailleurs Auguste Viatte, qui a étudié l'Illuminisme sous un angle essentiellement littéraire, avait publié en

---

(43) J. P. L. de la Roche du Maine, Marquis de Luchet, *Mémoire authentique pour servir à l'histoire du compte de Caglyostro* (sic), Paris, 1785.

(44) *Bibliotheca Esoterica*, Dorbon-Aîné, p. 265, Paris, 1940.

1928 *Les Sources occultes du romantisme* [45] et démontré sans aucune difficulté majeure l'apport indéniable des mouvements occultistes ou illuministes dans la littérature fantastique du XIXème siècle [46].

Parmi les nombreux romanciers qui s'inspirèrent des Illuminés, retenons bien entendu cette femme de lettre française, Mme de Staël (1766-1817) qui apparaît pour les apologistes de la littérature fantastique comme un des maillons les plus brillants de la chaîne qui relie l'Illuminisme au roman, puis Charles Nodier (1780-1844) qui avait parfois tendance à mêler toutes les traditions, voire les confondre (il ne fut pas le seul !). Pour la petite histoire, ce dernier se plaisait ainsi à fréquenter les cercles illuministes et des salons où se réunissait le gratin le plus autorisé en la matière. Nous pensons particulièrement, le fait est encore assez peu connu, à une soirée de décembre 1839 organisée chez la comtesse d'Albanès. Outre la présence bien entendu de Nodier, il y avait Pierre-Simon Ballanche (1776-1847), préconiseur dans son roman posthume et sous forme d'une cité imaginaire, *La ville des expiations*, d'un système de palingénésie sociale ou de sociologie mystique ; le comte d'Ourches, un féru d'occultisme et qui consacra sa vie et sa fortune aux expériences magnétiques ; l'illuministe Madame de Hautefeuille (connue sous le nom mystique d'Anna-Marie) ; le chevalier Jacques-Scévole Cazotte (né en 1764), fils du prophète malheureux Jacques Cazotte ; et surtout le vicomte de Lapasse (1792-1867), un éminent hermétiste et fondateur vers 1850 d'une « Rose-Croix dite de Toulouse », et qui se fit un point d'honneur d'expliquer à ce petit monde la recette de l'élixir de vie [47].

A la décharge de certains profanes et littérateurs qui mêlaient à l'emporte-pièce l'Illuminisme à tous les courants initiatiques, relevons que le vocable illuministe dans le siècle « des Lumières » se diversifia selon les régions ou les pays et englobait par exemple l'ordre de Weshaupt ou de Knigge, les Illuminés d'Avignon de Dom Pernety, le Martinisme de Louis-Claude de Saint-Martin ou le Martinézisme de Pasqually (1710 ?-1774), la Théosophie de Jacob Boehme, l'Illuminisme suédois de Swedenborg, pour ne citer que ces mouvances ou ces noms propres. Il est vrai que lorsque l'on causait d'Illuminisme, on ne se souciait guère à l'époque du détail et d'une manière générale écrivains et lecteurs de tous genres faisaient dans l'ensemble allusion à l'ésotérisme de la seconde moitié du XIXème siècle. D'ailleurs, cette confusion inévitable pour les non-initiés était déjà dénoncée par Joseph de Maistre, principalement dans son ouvrage à succès, *Les Soirées de St-Petesbourg*, où il reprochait vertement et explicitement à l'abbé Augustin Barruel (1741-1820) d'avoir non seulement écrit d'innombrables bévues fort tendancieuses sur la Franc-maçonnerie et la Révolution française mais confondu « l'Illuminisme bavarois » et le martinisme [48] .

---

(45) Auguste Viatte in *Les Sources occultes du romantisme, illuminisme-théosophie, 1770-1820*, Paris, Champion, 1928, 2 tomes. Comme le disait à juste raison Robert Amadou : « Mais chez aucun de ceux-là ni de leurs collègues qui épinglent les gens et les idées de l'ésotérisme, rien d'ésotérique. Ainsi pèchent-ils mortellement contre l'occulte ». *L'occultisme esquisse d'un monde vivant*, op. cit., p. IX.

(46) Voir aussi *De l'ésotérisme à l'occultisme dans la littérature fantastique* de Dominique Dubois in *Murmures d'Irem* n° 17, pp. 162-169, 2006 (Association Œil du Sphinx).

(47) Sur cette mouvance rosicrucienne voir le chapitre VIII in *Rennes-le-Château l'occultisme et les sociétés secrètes* de Dominique Dubois, les Editions de l'Œil du Sphinx, Paris, décembre 2005. Voir bien entendu les sources utilisées par l'auteur du dit ouvrage.

(48) *Mémoire pour servir à l'histoire du jacobinisme*, 4 vol., Londres, 1797-1798. Ouvrage qui connut maintes rééditions.

Les Illuminés de Bavière et la Comtesse de Rudolstadt

En revanche, les Illuminés de Bavière n'étaient pas pour l'écrivain Georges Sand (1804-1876) *terra incognita*. A vrai dire et par le biais du romantisme, Georges Sand *alias* Aurore Dupin fut peut-être et de par sa notoriété littéraire déjà acquise au milieu du XIXème siècle celle qui popularisa le mieux en France ce cercle mystérieux. Georges Sand était une nature généreuse et spiritualiste, prompte à tout moment à l'exaltation et à l'emportement lorsqu'elle écrivait, nonobstant sa manie de délayer en romans parfois illisibles les idées qu'émettaient ses amis littérateurs, politiques ou spiritualistes. Elle s'enthousiasma par exemple, sous l'influence idéologique de Pierre Leroux (1797-1871) [49], pour le social. Elle publia alors des romans qui reflétèrent son mysticisme humanitaire, on pense notamment à *Consuelo* (1842-1843) et sa fameuse suite *La Comtesse de Rudolstadt* (1844) qui n'est pas sans rappeler dans sa narration écrite les Illuminés de Bavière, mais sous un aspect qui fleure bon par endroits avec le merveilleux et le légendaire.

Ainsi, Georges Sand exaltait dans *La Comtesse de Rudolstadt* un conspirateur de talent qui nous est déjà familier et qui répondait bien entendu au nom de Weishaupt :

« Un précieux gardien du feu sacré et des saines traditions de l'Illuminisme antérieur, un adepte de l'antique secret, un docteur de l'interprétation nouvelle. Il avait encouragé Weishaupt en ces termes : « organise pour détruire la forme actuelle de la grand iniquité ! » Et dans un transport prophétique il l'exhortait : « Cours en France, Spartacus (…), la France va bientôt tout détruire. Elle a besoin de toi. Cours te dis-je, hâte-toi, si tu veux prendre part à l'œuvre. C'est la France qui est la prédestinée des nations. Joins-toi mon fils aux aînés de l'espèce humaine. J'entends retentir sur la France cette voix d'Isaïe : « Lève-toi, sois illuminée, car ta lumière est venue et la gloire de l'Eternel est descendue sur toi et les nations marcheront à la lumière [50] ».

Fin du XIXème et début du XXème siècle, on parlait encore des Illuminati, chez les occultistes notamment, par exemple chez Léopold Engel (1858-1931) qui, en collaboration avec Théodor Reuss (1855-1922), rénovait l'ordre de Weishaupt. Mais que l'on ne s'y trompe point ! Aucun lien direct entre les Illuminés de Weishaupt et l'ordre rénové et éphémère de Engel ou d'autres ordres initiatiques, tels l'OTO et ses groupes dérivés ou schismatiques qui continuent, encore de nos jours, de revendiquer une pseudo filiation avec les Illuminati[51]. D'ailleurs le meilleur spécialiste de l'histoire récente des Illuminés et répondant du nom de P.R. König soulignait sans équivoque la nécessité de ne pas confondre entre eux Illuminés et OTO [52].

Plus proche de notre époque, une littérature foisonnante regorge d'« Illuminisme conspirationniste », un substantif qui nous ramène implicitement dans son allusion à l'organisation des Illuminati de Weshaupt, à la lecture par exemple de l'article de Pierre Zaccone qui va suivre et qui nous indique clairement que cette société avait pour vocation de s'infiltrer dans tous les milieux et était prête à tuer pour protéger ses intérêts.

---

(49) On doit à Pierre Leroux la première adaptation française du mot « socialisme ». Il préconisait une religion de l'humanité en supprimant les privilèges et en affranchissant la femme.
(50) Jean Villiers in *Cagliostro le prophète de la révolution*, p. 51, Guy Trédaniel Editeur, Paris, 1988.
(51) A l'image, entre autres, de Hermann Joseph Metzger (1919-1990), chef de l'OTO suisse et fondateur d'une Société Psychosophique. Voir *Le Nouvel Aeon*, « revue d'Illuminisme scientifique », volume I numéro I, janvier 1996, Magick & Mystic Presse.
(52) Dr Massimo Introvigne in *La Magie & Les nouveaux mouvements magiques*, Références Droguet & Ardant, Paris, 1993.

La théorie du complot avait ces derniers temps le vent en poupe et était au cœur de *Anges et Démons* et du *Da Vinci Code* de Dan Brown qui eut un succès planétaire avant d'être adapté au cinéma en 2006. Comme l'écrivait l'un des inspirateurs de Dan Brown, Henry Lincoln pour le nommer, qui greffa du temps de sa jeunesse avec Michael Baigent et Richard Leigh tout un mythe sur Rennes-le-Château et le Prieuré de Sion [53] et avec la complicité d'un incroyable mythomane et répondant du nom de Pierre Plantard de Saint-Clair : « Tout le monde aime les histoires mystérieuses ».

Il est vrai que tous ces romans parus depuis et qu'on pourrait classer dans le rayonnage du fantastique politico-religieux ou pseudo-ésotérique illustrent une demande qui ne cesse d'être croissante chez les lecteurs modernes. Cette forme de délectation chez les lecteurs consentants et ravis nécessite peut-être une explication dans sa cause. En effet, l'imagination des êtres humains restant quand même ce qu'elle est en puissance fabulatrice, et la vie moderne éliminant de plus en plus les sources mythiques traditionnelles sur lesquelles elle prenait normalement appui, l'individu s'efforce désespérément de combler l'insupportable vide intérieur auquel il se trouve de plus en plus confronté. D'où ces phénomènes bien moins étranges qu'on voudrait nous le faire croire, qui donneront naissance à tout un « sacré de remplacement » centré autour d'un support imaginatif qui sera un roman, une vedette de cinéma ou tout autre étoile humaine.

PIERRE ZACCONE

Pierre Zaccone - tirée du premier volume du dit ouvrage (1867)

Romancier populaire et feuilletoniste, Pierre Zaccone (Douai 1817, Morlaix 1895) était aussi à sa manière historien, certes parfois discuté ou controversé dans ses opinions et conclusions qu'il laissa dans quelques-uns de ses écrits, il est vrai un peu hâtives et un tantinet tendancieuses. On pense principalement à son œuvre écrite en 1840, publiée d'abord en cinq volumes puis republiée en 1867 en deux volumes

(53) L'Illuminisme est parfois intégré dans la florissante littérature qui existe sur l'histoire de Rennes-le-Château et de son curé Béranger Saunière, imputable à quelques piètres littérateurs de bas-étage qui écrivent et racontent n'importe quoi.

chez le libraire-éditeur Arthème Fayard, *Histoire des Sociétés Secrètes Politiques et Religieuses*. Les divers chapitres traités parlaient, entre autres, de l'Inquisition, des Jésuites, des Fénians, des Francs-Juges, des Francs-Maçons, des Templiers, du Conseil, des Etrangleurs, du Compagnonnage, des Illuminati, etc… Bref, pour quelques historiens de l'ésotérisme, l'ouvrage de Pierre Zaccone n'est pas une référence sûre. En revanche, sa documentation réunie pour la circonstance demeure précieuse et donne dans l'ensemble une version assez correcte sur l'histoire des Illuminati. De surcroît, le descriptif qu'il nous offre est très vivant, en dépit peut-être d'un didactisme gênant pour le lecteur moderne. A ce titre, le chapitre consacré aux Illuminés de Bavière mérite une large place dans cette revue, d'autant plus que l'ouvrage précité devient de nos jours difficile à dénicher [54]. Dès lors, il n'est donc pas superflu, nous l'espérons, de reproduire *in extenso* et fidèlement et à la virgule près le long texte qui fut écrit et rapporté par un auteur du XIXème siècle.

Illustration tirée du livre de Pierre Zaccone, « Histoire des Sociétés secrètes politiques et religieuses », deuxième tome, Arthème Fayard, Editeur, 1867.

L'Allemagne au moment de la révolution française. Le docteur Weishaupt. Etat de la Bavière. Le baron Knigge. Les Illuminés en France.

Nous avons dit au premier volume de cet ouvrage, au moment de traiter de l'association des Francs-Juges, quelle était à peu près la physionomie de l'Allemagne à notre époque ; nous ne commencerons pas ce chapitre sans dire au lecteur ce qu'était l'Allemagne à notre époque où la révolution alla l'arracher à son repos. L'Allemagne avait été singulièrement agitée ; déchirée par ses luttes intestines. Les guerres de religion avaient ensanglanté le sol, et ce malheureux pays s'était trouvé épuisé le jour où il aurait eu besoin de toutes ses forces, de toute son énergie. Les souverains avaient, d'ailleurs, profité de ces troubles continuels pour resserrer davantage chaque jour ces liens tyranniques qui enchaînaient leurs peuples. En Prusse, le pouvoir ab-

---

(54) Ouvrage néanmoins réédité dans les années 1990 dans une belle édition, en l'occurrence chez Jean de Bonnot, un éditeur qu'on ne présente plus désormais.

solu ; dans les petites cours, la corruption, la faiblesse dans tout l'empire, telle était à peu près la physionomie générale du pays lorsque la révolution française éclata.

Ce qui se passa alors, nous le savons tous. Nos pères ont profondément gravé sur le sol, avec leur épée redoutable, le magique récit de notre grande épopée nationale. D'un bout de l'Europe à l'autre, tous les peuples ont gardé le souvenir de la marche triomphale de nos armées, et, pour presque tous, la révolution française a été le signal d'une nouvelle ère de régénération et de liberté.

Où l'Allemagne trouva-t-elle le courage dont elle donna tant de preuves à ce moment ? Quel souffle inconnu et mystérieux ralluma son patriotisme endormi ? Quelle main puissante, divine, lui enseigna la route qu'il fallait suivre, lorsque tant de chemins lui étaient ouverts ? Nul ne le sut jamais. Le peuple se défiait de ses maîtres, les maîtres n'osaient compter sur le peuple, il a fallu, certes, un bien puissant attrait pour arracher, en un jour, l'Allemagne à ce repos dans lequel elle s'oubliait depuis si longtemps. Qui pourrait dire où s'étaient réfugiées les nobles vertus du vieux peuple germanique ? Ce n'est pas le seul prodige qu'ait opéré la révolution française !

Un soir du mois de novembre, vers la fin du dernier siècle, un homme descendit dans une auberge de Munich. Cet homme était jeune encore, mais déjà on lisait sur son front cette décrépitude prématurée que la violence des passions mauvaises imprime fatalement sur la physionomie de l'homme.

Nul ne le connaissait lorsqu'il arriva, mais quelques jours lui suffirent pour réunir autour de lui tout ce que la capitale de la Bavière renfermait de jeunes hommes ardents et enthousiastes. Cet étranger n'était autre qu'un professeur du nom de Weishaupt. Cet homme, fatigué de son obscurité, trouvant le théâtre de l'université d'Ingolstadt trop étroit pour son ambition, avait imaginé de se créer un nom et de jouer un rôle dans le monde. Le moment était bien choisi.

L'Allemagne avait été profondément ébranlée, elle ne savait encore de quel côté se tourner ; elle hésitait dans son impatience, et attendait qu'un homme vint, qui pût lui donner la vie, et avec elle la liberté, dont elle éprouvait sourdement le besoin.

Le professeur Weishaupt n'était pas, à coup sûr, l'homme qu'il fallait à la situation. Sa réputation avait été fortement compromise par la simple énonciation de ses principes, qu'il avait faite quelques temps auparavant, et les esprits éclairés savaient déjà à quoi s'en tenir sur sa moralité, et connaissaient, aussi bien que lui, le but vers lesquels tendaient ses efforts. Il avait fait un code de machiavélisme, où il traçait le plan d'une assemblée qu'il se proposait de former, pour dominer son pays d'abord, se réservant d'étendre, par la suite, son influence sur l'Allemagne entière, si ses premiers desseins étaient couronnés de succès.

Weishaupt reconnut bientôt quel danger il y aurait, pour lui et pour la société qu'il voulait fonder, à donner à son plan une publicité prématurée. Il fit imprimer une sorte de prospectus dans lequel il s'efforçait de présenter la secte des illuminés comme un institut philantropique, qui n'avait guère d'autre but que le bien de l'humanité et le rétablissement de la saine morale. Cette publication eut tout le succès qu'en attendait le professeur d'Ingolstadt. Tout ce qu'il y avait, dans l'Université, de jeune et de pur, se réunit autour de Weishaupt. A cette époque, il faut le dire, ce dernier avait d'immenses facilités pour arriver à son but. La Bavière était presque toute entière entre les mains des moines. Ce n'était pas précisément le peuple qui eut à se plaindre de cet état de choses ; le peuple vivait avec les moines, paisiblement, tranquillement, comme le peuple espagnol vit avec les siens.

S'ils couvraient le sol par des acquisitions ou des défrichements, ils étaient arrivés à envahir toutes les propriétés territoriales, en revanche ils ne mettaient, assure-t-on, dans leur relations avec le peuple, ni morgue, ni fierté, et l'on ne pouvait dire que celui-ci fut précisément malheureux. Cependant les abus du monachisme (sic) étaient patents, avoués ; on ne les attaquait pas ouvertement, mais déjà on leur faisait une guerre sourde.

Weishaupt comprit que là devait être son point d'appui. Il ne se fit pas scrupule d'éveiller et d'exalter l'impiété, et, dès lors, tous les moyens lui devinrent bons pour s'attirer la considération ou l'influence qu'il désirait obtenir. Sous prétexte de déraciner les abus, dit un auteur, on alla jusqu'à répudier la religion, ce fondement des empires, cette base unique de toute société, de toute puissance civile. Ce ne fut pas assez de chercher à la rendre ridicule aux yeux des peuples, on l'attaqua avec les traits les plus envenimés de la persécution et de la haine. Ce furent ces mauvaises dispositions, ajoute le même auteur, que Weishaupt sut mettre en jeu pour saisir, par l'influence de la secte dont il était le chef, un pouvoir usurpé, disait-il, par la religion, sur le bon sens et la raison humaine.

Les premières démarches que Weishaupt tenta à Munich ne produisirent pas du tout d'abord le résultat attendu. Dès le début, il put voir combien étaient profondément enracinés ces abus auxquels il allait s'attaquer ; et d'ailleurs, ce n'était point l'abaissement ou la destruction des moines qu'il désirait le plus vivement ; c'était un nom, une influence, une position, et, dès les premiers jours, il comprit que ce nom, que cette influence, que cette position, il ne les obtiendrait point par les moyens ordinaires, qu'il avait employés jusqu'alors.

Il se trouvait donc dans une situation assez critique, à la veille peut-être de perdre le fruit de tant de labeurs, lorsqu'un homme vint, qui lui parla de franc-maçonnerie : ce fut un coup de fortune pour le professeur d'Ingolstadt.

La franc-maçonnerie, en effet, avait des ateliers en plein exercice, et ses membres étaient habitués à la lutte, aux mystères, et merveilleusement préparés, dans l'état où se trouvaient les esprits, à recevoir une direction de l'homme qui serait assez audacieux pour la leur donner. Weisshaupt résolut aussitôt d'introduire au sein de cette institution une association clandestine, inconnue aux maçons eux-mêmes, et maîtresse de la maçonnerie, dont elle devait occuper les grades supérieurs.

Cette combinaison réussit complètement. La Bavière ne suffit plus bientôt, et se trouva trop étroite pour les opérations ambitieuses des Illuminés. Ils s'étendirent dans le Midi de l'Allemagne, et, en peu de temps, leur secte envahit le Palatinat, le pays de Bade, la Souabe et l'Autriche.

Elle recruta, surtout dans ces pays, quelques professeurs, ambitieux qui se liguèrent avec des hommes de la plus haute naissance. On peut citer parmi ces derniers, dit l'auteur dont nous avons déjà parlé, le baron d'Alberg, devenu depuis prince primat de l'Allemagne, comme un des plus ardents propagateurs de l'illuminisme.

Les illuminés ne se montrèrent jamais exclusifs dans leurs procédés. Ils acquirent même une certaine importance à la cour de l'électeur de Mayence. En Autriche, ils se montrèrent moins souples : ils apportèrent dans leurs relations un peu de ces aigreurs inséparables des discussions ascétiques. Ils se réunirent à cette partie du clergé qui paraissait devoir triompher sous Joseph II, qui s'agitait pour relâcher ses liens avec le Saint-Siège, et qui, pour paraître avoir un esprit à elle, feignait d'embrasser les opinions du jansénisme. A Vienne, ils prirent parti dans des querelles théologiques. L'occasion ne s'en était point présentée en Bavière, où l'union du clergé n'était troublée que par des divisions faibles et passagères. Les illuminés en étaient là de leurs progrès dans le midi de l'Allemagne, lorsque Weishaupt fit la connaissance du jeune baron hanovrien Knigge.

Ce jeune homme avait été singulièrement doué de la nature. Avec une imagination fort déréglée, des mœurs fort licencieuses, il avait écrit bon nombre de romans qui avaient eu quelque succès, et plusieurs traités de morale épicurienne qui l'avaient mis à l'index. Pris d'un insatiable besoin de connaître et d'apprendre, il s'était fait successivement admettre dans les sociétés secrètes qui divisaient le nord de l'Allemagne, et il en avait parcouru tous les degrés. Il avait tout vu, tout étudié, tout analysé. Les adeptes prétendaient alors que la pierre philosophale était le fruit de cet arbre de la science placé dans le Paradis. Knigge avait cherché la pierre philosophale ; plus tard il avait visité les Mystiques et les frères Moraves, qui sont les moines protestants. Il passa les différents grades de la maçonnerie, étudia le système du manichéisme, du gnosticisme et des ophites, c'est-à-dire des sectes païennes qui avaient altéré le christianisme. Tout ce qui avait une apparence mystérieuse attirait impérieusement son attention. Il en vint, dit-on, jusqu'à se lier avec des jongleurs de gobelets, des charlatans de toute espèce. Ce fut avec cet aventurier, au moins original, que Weishaupt et les siens eurent l'idée de s'introduire, sans se faire connaître, dans les associations théologiques et religieuses, mystiques et superstitieuses, afin d'y profiter de toutes les occasions de s'emparer du pouvoir ; et ce fut à l'exécution de ce nouveau projet que Knigge attacha la conquête du nord de l'Allemagne.

Dès qu'ils se furent bien entendus sur leur projet, sur le but qu'ils voulaient atteindre et les moyens qu'ils voulaient employer, le plan fut vigoureusement poussé à Hambourg, à Berlin, à Gœttingue. Partout les Illuminés trouvèrent des esprits crédules auxquels ils imposèrent le joug de leurs doctrines et de leur volonté. Partout, ajoute-t-on, ils firent des dupes parmi les âmes tendres et ardentes portées vers la piété et la mysticité, rêvant le ciel sur la terre, ou remplies de la religion effrayante de l'enfer.

Etrange pays que l'Allemagne, singulier peuple que les Allemands ! également aptes aux spéculations scientifiques et aux opérations du mysticisme, apportant dans toutes questions, arides ou fécondes, la même foi naïve, la même crédulité confiante. C'est un fait à coup sûr étonnant que dans le pays qui a donné naissance à Luther, à Kant, à Goëthe, à tant d'esprits élevés, à tant d'intelligences hardies, on trouve encore des hommes disposés à accepter les erreurs d'une imagination en délire. Il est vrai que le docteur Weishaupt et le docteur Knigge, s'adressaient à un sentiment dont la susceptibilité est connue, et qu'ils posaient le doigt sur une corde sensible. Quand on s'adresse au patriotisme d'un peuple, quand on lui montre, au bout du chemin que l'on ouvre devant lui, la liberté, n'est-on pas certain de l'arracher à sa torpeur, et de faire des héros d'une population entière ? C'est ce qui arriva en Allemagne. On ne se demanda pas si les moyens que ces hommes employaient étaient loyaux, d'où ils venaient, ni quel était leur véritable but : on les entendit parler de franchises et de liberté, on les vit animés d'une sainte haine contre le despotisme politique et religieux, et c'en fut assez.

Le peuple des universités, peuple jeune, ardent, avide, toujours prêt à la lutte, le peuple des universités se leva par acclamation, et peu s'en fallut que le professeur d'Ingolstadt et le baron hanovrien ne fussent regardés comme des libérateurs. Il y avait loin, cependant, de cette société, à celles qui se formèrent plus tard dans le but d'opposer une digue à la marche triomphale des armées de Napoléon. A cette époque, la France n'avait point encore abusé de ses victoires, et de l'influence redoutable qu'elle avait conquise avec son épée sur les champs de bataille. L'Allemagne, comme l'Italie, pouvait encore croire, espérer en elle. L'image de la France était profondément gravée dans tous les cœurs, et tous les vœux s'adressaient à elle, comme à la protectrice naturelle de tous ceux qui souffraient, et chez qui l'esclavage n'avait pas entièrement étouffé l'espérance.

Mais lorsque Napoléon, l'homme de la République, eut ceint son front de la couronne des Césars ; lorsqu'il fut évident pour tous, comme il l'était depuis longtemps pour la France elle-même, que cet homme prenait plus de souci de sa propre grandeur, de sa propre élévation, de sa propre gloire, que du bien-être des nations que Dieu l'avait appelé à commander, alors, les dispositions bienveillantes qui s'étaient manifestées de toutes parts à son égard, se retirèrent tout à coup ; et l'Allemagne qui, par sa position, se trouvait plus directement menacée, comprit qu'il devenait important et indispensable pour elle, de chercher à ses côtés des défenseurs naturels. Weishaupt et Knippe n'eussent pas réussi à ce moment, avec leurs spéculations purement mystiques ; il fallait autre chose, et les hommes auxquels ils s'adressaient les eussent certainement repoussés.

Quoi qu'il en soit, les Illuminés firent de rapides progrès, et quinze années s'étaient à peine écoulées depuis la fondation de cette secte, que déjà elle avait envahi toute l'Allemagne, et songeait à passer la frontière et à pénétrer en France. A Strasbourg et à Paris, ils établirent quelques correspondances ; malheureusement pour le succès de leurs tentatives, la France les avait devancés.

Vers ce même temps, dit l'historien des Sociétés Secrètes d'Allemagne, se formait, en France, une secte politique, différente peut-être de celle des Illuminés quant à ces moyens, du reste parfaitement semblable dans le but qu'elle se proposait ; mais elle fut loin d'obtenir des succès aussi durables. Ce même peuple dont elle avait soulevé les passions, en fit une justice éclatante, en arrachant le pouvoir des mains des corrupteurs qui lui avaient enseigné la révolte. La liberté religieuse en Allemagne, l'égalité politique en France, ne furent que des mots vides de sens. Ce n'était ni une république, ni une démocratie, mais bien une oligarchie puissante, que voulaient constituer les Illuminés français, les Mirabeau et consorts. Ils avaient résolu de parvenir au pouvoir par l'avilissement et la corruption des hommes ; là se bornaient tous leurs projets, toute leur politique.

Il existait bien des républicains, des démocrates de bonne fois, mais ceux-ci n'étaient que les dupes du parti. Le jacobinisme et la force révolutionnaire furent, en France, ce que l'Illuminisme avait été en Allemagne, des moyens employés par l'égoïsme pour arriver à la domination. Mais il succomba, écrasé sous les masses qu'il avaient soulevées sans en calculer la puissance. Les Illuminés de France, dont le chef était Mirabeau, crurent devoir jeter le masque et se séparer de cette foule de sectaires incommodes et d'adeptes de bonne foi. Ils proclamèrent hautement la raison souveraine, et l'impiété maîtresse du monde. Ils se servirent adroitement du nom même d'illuminés, pour repousser des auxiliaires dont ils n'avaient prétendu faire que des dupes. Ils rompirent avec l'alchimie, le magnétisme, la mysticité, la théosophie, qui allèrent se perdre dans l'abîme qui a englouti indistinctement toutes les anciennes institutions.

Nous avons cité textuellement ce passage un peu déclamatoire, pour montrer au lecteur quelle idée on avait vers, 1845, des hommes qui avaient contribué au succès de la Révolution française.

Certes, nous sommes loin de prendre parti pour les Illuminés de France, non plus que pour ceux de l'Allemagne ; nous savons tout ce que l'on peut dire du comte Mirabeau et des hommes qui l'entouraient ; toujours peut-on assurer qu'ils mettaient dans leurs opérations une certaine bonne foi qu'il serait injuste de leur contester. Mirabeau avait été envoyé en Allemagne, ou y était allé de son propre mouvement, pour étudier sur les lieux mêmes, et dans tout son développement, la secte qui venait de s'y former. Quand il revint en France, qu'il eut expliqué à ses amis ce qu'il avait vu, quel enthousiasme la nouvelle secte excitait de tous côtés, nul n'hésita, et la secte des Illuminés fut dès lors constituée en France.

Au surplus, au moment où les Illuminés de France s'élevaient en force et en puissance, au moment où ils ralliaient autour d'eux tout ce que la France patriotique d'alors renfermait de plus élevé, peut-être de plus intelligent, les Illuminés d'Allemagne se mouraient, et manquaient le but qu'ils avaient voulu atteindre. Le clergé, un instant vaincu, n'avait pas tardé à reprendre courage, et il avait ressaisi tous ses avantages. Les principaux meneurs de l'affaire avaient été arrêtés, et l'on avait saisi dans leurs demeures des papiers qui les compromettaient fortement.

La publicité donnée alors aux plans ambitieux des chefs, et à l'immoralité de leur but, porta un dernier coup à leur influence chancelante, et on chassa les Illuminés de toutes sociétés secrètes dans lesquelles ils s'étaient frauduleusement introduits. Une fois reconnus, ils cessaient d'être dangereux ; dès qu'on ne les craignit plus, on cessa de s'occuper d'eux.

Cette indifférence leur fut plus fatale que le reste. On assure que ce dénouement excita au plus haut degré leur dépit, et qu'ils ne rougirent pas, dans la suite, de seconder de tous leurs vœux et de tous leurs efforts les diverses invasions des armées françaises. Nous avouons que nous avons peine à admettre cette accusation sans preuves. D'ailleurs, pourquoi les insulter ? Ils n'existent plus comme société ; isolés, quel mal peuvent-ils faire ?

Voici maintenant quelques détails sur l'organisation de l'Illuminisme.

L'Illuminisme avait son organisation complète, comme toutes les sociétés dont nous avons jusqu'à présent donné l'histoire ; cette société présente même, avec les sociétés de l'antiquité, des ressemblances remarquables : ce sont les mêmes épreuves, et, sinon les mêmes principes, du moins les mêmes symboles. Les Illuminés avaient huit grades : le novice, le minerval, l'illuminé-mineur, l'illuminé majeur, le chevalier écossais, l'épopte ou prêtre, le régent ou prince illuminé, le mage ou l'homme-roi.

Le noviciat consistait à étudier la langue de la secte, la géographie, les premiers secrets, en un mot les éléments de la science de l'illuminisme ; ils avaient une nomenclature de villes, un calendrier, des livres pour leur seul usage. On leur donnait des tablettes sur lesquelles le novice inscrivait : son nom, son âge, ses fonctions, sa patrie, sa demeure, ses amis, ses ennemis ; de plus, il lui était enjoint de donner des renseignements analogues sur son père, sa mère, ses frères, ses sœurs, etc. Pendant qu'il se livrait à ce travail, *le frère instructeur*, fonction que nous avons déjà pu observer dans les mystères d'Egypte, notait les renseignements qu'il devait donner lui-même, sur les goûts, les mœurs, les aptitudes du novice. Ces renseignements étaient remis en même temps sous les yeux du supérieur qui prononçait le rejet ou l'admission du candidat. Dans le cas d'admission, on lui adressait certaines questions auxquelles il devait répondre catégoriquement. Voici quelques-unes de ces questions :

« Êtes-vous encore décidé d'entrer dans l'ordre des Illuminés ?

« Avez-vous mûrement pensé que vous hasardez une démarche importante en prenant des engagements parmi nous ?

« Quel espoir, quelle cause vous portaient à entrer parmi nous ?

« Si vous veniez à découvrir dans l'ordre quelque chose de mauvais ou d'injuste à faire, quel parti prendriez-vous ?

« Voulez-vous et pouvez-vous regarder le bien de notre ordre comme le vôtre même ?

« Donnez-vous à notre société le droit de vie et de mort ?

« Sur quel fondement lui refusez-vous ou lui donnez-vous ce droit ?

« Êtes-vous disposé à donner, en toute occasion, aux membres de notre ordre, la préférence sur tous les autres hommes ?

« Êtes-vous résolu à suivre très exactement nos lois ?

« Vous engagez-vous à une obéissance absolue, sans réserve, et savez-vous la force de cet engagement ?

« Voulez-vous, dans le cas qu'on aurait besoin de travailler à la propagation de l'ordre, l'assister de vos conseils, de votre argent et de tous vos moyens ?

« Quelle assurance donnerez-vous de ces promesses, et à quelle peine vous soumettrez-vous si vous y manquez ?

Une fois les réponses données d'une manière satisfaisante, la cérémonie de l'initiation avait lieu. On conduisait les novices devant les supérieurs, l'introducteur, qui ne le quittait pas, répondait de sa foi, et réclamait pour lui la protection de l'ordre.

« Votre désir est juste, disait alors le supérieur au novice, au nom de l'ordre sérénissime dont je tiens mes pouvoirs, et au nom de tous ses membres, je vous promets protection, justice et secours. De plus, je vous proteste de nouveau que, chez nous, vous ne trouverez rien de contraire à la religion, aux mœurs et à l'Etat. »

Il prenait alors une épée nue, en appuyait la pointe du novice, et ajoutait :

« Même si tu allais n'être qu'un parjure, un traître, apprends que tous nos frères seraient appelés à s'armer contre toi. Ne crois pas qu'il te serait possible de t'échapper et de trouver un lieu de sûreté. Quelque part que tu sois, la honte, le remords de ton cœur, la rage de nos frères inconnus te poursuivront, te tourmenteront jusque dans les replis de tes entrailles... Mais si vous persistez dans le dessein d'être admis dans notre ordre, prêtez le serment qui vous est présenté. »

Pour la réception au grade de chevalier écossais, la cérémonie offrait une signification plus grave. Le Président des chevaliers était assis sur un trône splendide ; à sa droite se tenait le frère porte-glaive ; à sa gauche, le maître des cérémonies ; les chevaliers, en bottes à éperons, l'épée au côté, la croix suspendue au cou par un ruban vert, les officiers, remarquables par leurs panaches, un prêtre de l'ordre, en robe blanche, composaient la loge. Le récipiendaire s'avançait seul, dans une attitude humble sans faiblesse. Le préfet lui adressait la parole à peu près en ces termes :

« Tu vois ici une partie des légions inconnues, unies par des liens indissolubles pour combattre en faveur de l'humanité. Veux-tu te rendre digne de veiller avec eux dans le sanctuaire ? Ton cœur doit être pur, et ton esprit brûlant d'un feu divin pour la dignité de la nature ; le pas que tu fais est le plus important de ta vie. En te créant chevalier, nous attendons de toi des exploits nobles, grands et dignes de ce titre. Salut de notre part, si tu viens pour nous être fidèle, si, bon et honnête, tu réponds à notre espoir. Ne dois-tu être qu'un faux frère ? Sois tout à la fois maudit et malheureux, et que le Grand Architecte de l'Univers te précipite dans l'abîme ! A présent, fléchis le genou, et fais sur cette épée le serment de l'ordre. »

Réception d'un compagnon

Le serment était ainsi conçu :

« Je promets obéissance aux très excellents supérieurs de l'ordre. Autant qu'il dépendra de moi, je m'engage à ne favoriser l'admission d'aucun indigne aux grades saints, d'assister, en vrai chevalier, l'innocence, la pauvreté, et tous les honnêtes malheureux ; de n'être jamais flatteur des grands ou esclave des princes, de résister fortement, pour l'avantage de l'ordre et du monde, à la superstition et au despotisme. Jamais je ne préférerai mon intérêt personnel au bien général. Je défendrai nos frères contre la calomnie. Tant que je serai dans l'ordre, je regarderai le bonheur d'en être membre comme ma suprême félicité… Ainsi, Dieu me soit en aide, et sur le bonheur de ma vie et le repos de mon cœur… »

« Lève-toi, disait aussitôt le préfet, et désormais garde-toi de fléchir le genou devant celui qui est homme comme toi !… »

Puis venaient les questions significatives qui révélaient le but et le secret de l'ordre.

« 1° L'état actuel des peuples répond-il à l'objet pour lequel l'homme a été mis sur la terre ? Les sociétés civiles, les religions des peuples atteignent-elles le but pour lequel les hommes les ont adoptées ?

« 2° Quelles lois, quelles sciences vous semblent tendre vers ce but ? N'a-t-il pas existé autrefois un ordre de chose plus simple ?

« 3° A présent que nous avons passé par toutes les formes vaines et inutiles de nos constitutions civiles, ne serait-il pas possible de revenir à cette première et noble simplicité de nos pères ?

« 4° Comment faudrait-il s'y prendre pour ramener cette heureuse période ?

« 5° La religion chrétienne, dans sa pureté, ne fournirait-elle pas quelques indices ?

« 6° Cette religion, simple et sainte, est-elle aujourd'hui celle que professent différentes sectes, ou est-elle meilleure ?

« 7° Peut-on connaître et enseigner le meilleur christianisme ? Croyez-vous qu'avant de lever les obstacles sans nombre, il serait bon de prêter aux hommes, d'abord une religion plus épurée, une philosophie plus élevée, et ensuite l'art de se gouverner chacun soi-même, le plus heureusement possible ?

« Ne faut-il pas remédier en silence et peu à peu aux désordres de la société ? Avant qu'on puisse se flatter de ramener les temps heureux de l'âge d'or, ne faut-il pas, en attendant, semer la vérité dans les sociétés secrètes ? »

Quand toutes ces questions avaient trouvé des réponses satisfaisantes, les discours devenaient plus clairs, et allaient plus directement au but. L'hiérophante disait :

« Te voilà maintenant dans la classe de ceux qui ont une part intéressante au gouvernement de l'ordre sublime. Mais sais-tu ce que c'est que gouverner, et surtout ce que c'est que le droit dans une société secrète ? Exercer cet empire sur des hommes de tout état, de toute nation, de toute religion ; les dominer sans aucune contrainte extérieure, leur inspirer à tous un même esprit ; c'est là un problème que toute la sagesse des politiques n'a pas encore résolu... Les constitutions de l'état civil nous offrent ici peu de moyens utiles ; la crainte et la violence sont leurs grands mobiles. Chez nous, il faut que chacun se prête soi-même aux autorités qui nous régissent. Si les hommes étaient d'abord ce qu'ils doivent être dès leur entrée dans notre société, nous pourrions leur manifester la grandeur de notre plan ; mais la grossièreté et l'ignorance d'un grand nombre, exigent qu'ils soient formés par nos leçons. Leurs plaintes et leurs murmures sur les épreuves auxquelles nous vous voyons forcés de les condamner, te disent assez combien il faut que l'amour du grand objet nous domine, pour ne pas perdre à jamais tout espoir de rendre le genre humain meilleur...

« C'est à partager ces travaux que tu es appelé aujourd'hui. Observer les autres jour et nuit, les former, les secourir, les surveiller, relever ceux qui tombent, fortifier ceux qui chancellent, réprimer l'ardeur de téméraires, prévenir la désunion, l'imprudence, la trahison, maintenir la subordination, tels, et plus grands encore, sont les devoirs que nous t'imposons. Mais sais-tu encore ce que c'est des sociétés secrètes ? Les prends-tu pour des apparitions insignifiantes et passagères ? O frère ? Dieu et la nature disposent chaque chose pour le temps et pourt le lieu convenables ; ils ont leur but admirable, et ils se servent de nos sociétés secrètes comme d'un moyen unique et indispensable pour nous y conduire. »

Puis, l'hiérophante faisait l'histoire des sociétés secrètes ; il montrait les hommes, dans tous les pays, prêt à lutter contre la tyrannie, ou disposés à éclairer les hommes, leurs frères.

« A l'instant, continuait-il, où les hommes se réunirent en nation, l'amour national prit la place de l'amour général ; il fut permis de mépriser les étrangers, de les tromper, de les offenser. Cette vertu fut appelée *patriotisme*. C'est du sein même des désordres, que la nature fait naître les moyens de salut : ces moyens sont les écoles secrètes de la philosophie ; ces écoles ont été, de tout temps, les archives du droit de l'homme. Par ces écoles, un jour, sera réparée la chute du genre humain. Les princes et les nations disparaîtront sans violence de dessus la terre ; le genre humain deviendra une même famille, et la terre ne sera plus que le séjour de l'homme raisonnable... Pourquoi serait-il impossible au genre humain d'arriver à sa plus haute perfection, à la capacité de se gouverner lui-même ?...

« Si vous ne pouvez donner ce degré de lumière à tous les hommes à la fois, commencez au moins par vous éclairer vous-même ; tournez-vous ensuite vers votre voisin, et vous deux, éclairez-en un troisième, un quatrième, et que ceux-ci appellent, étendent, multiplient de même les enfants de la lumière... Car la lumière ou bien la vraie morale, n'est pas autre chose que d'apprendre aux hommes à devenir majeurs, à secouer le joug de la tutelle, à se mettre dans l'âge de la virilité. »

A mesure que l'aspirant montait en grade, les questions, les enseignements changeaient ainsi de valeur. Au grade de *régent* ou *prince illuminé*, se présentaient les actions suivantes :

« 1° Blâmeriez-vous une société dont l'intention serait de mettre les monarques hors d'état de faire le mal quand ils le voudraient ? Serait-il possible que, moyennant cette société, chaque Etat fût lui-même un Etat dans l'Etat ?

« 2° Les différents abus des gouvernements actuels, ne sont-ils pas une justification suffisante pour la société qui s'occuperait d'un objet si important ? Pourrait-on craindre les mêmes abus de la part d'un ordre fondé, comme le nôtre, sur la sagesse, la liberté ou la vertu ?

« 3° Quand ce gouvernement universel serait une chimère, ne vaudrait-il pas la peine d'en faire l'essai ?

« 4° La liberté seule de quitter à chaque instant cette société, le bonheur d'avoir des supérieurs éprouvés, inconnus en partie les uns aux autres, et, par conséquent, hors d'état de combiner entre eux des trahisons du bien général... ne serait-ce pas là des précautions suffisantes contre tout abus de puissance de la part de notre ordre ?

« 5° Supposé qu'il pût y avoir encore des abus, quels seraient les moyens de les prévenir ?

« 6° Supposé même le despotisme dans nos supérieurs, serait-il dangereux dans des hommes qui ne prêchent qu'instruction, liberté et vertu ? »

Après des épreuves de toutes sortes, renouvelées de tout ce que nous connaissons déjà, le provincial initiant recevait définitivement le régent en ces termes

« Eh bien ! Frère, nous t'avons fait subir bien des épreuves, tu t'es livré à nous avec confiance, il est temps de te donner cette liberté que nous t'avons montrée si ravissante. Sois donc libre désormais, c'est-à-dire sois homme, et un homme qui sait se gouverner lui-même, qui ne sert que l'univers, qui ne fait ce qui est utile au monde en général et à l'humanité. Tout le reste est injustice. Sois libre, indépendant, et désormais sois-le de nous mêmes. Tiens, voilà les engagements que tu as contractés avec nous, nous te les rendons. »

Le provincial lui remettait des papiers en parlant ainsi, puis il ajoutait :

« Désormais, tu ne nous dois plus rien, si ce n'est ce que ton cœur même te prescrira pour nous. Souviens-toi seulement que les hommes libres, indépendants, ne s'offensent pas les uns les autres. Veux-tu faire un noble usage du pouvoir que nous te donnons ? Travaille avec nous pour cet infortuné genre humain, et ta dernière heure sera bénie. Sois constant, et gouverne avec nous les hommes opprimés ; aide-nous à les rendre vertueux et libres.

« O frère ! quel espoir ! quel spectacle quand un jour le bonheur, l'amour et la paix viendront sur la terre ! Quand, chacun à sa place, chaque père de famille dans sa paisible cabane, règnera souverain !… Quand nous pourrons nous applaudir d'avoir hâté cette heureuse période, et d'y voir notre ouvrage !…

Après les choses graves venaient les puérilités ; on donnait au nouvel initié les signes symboliques de la dignité, le bouclier, les bottes, le manteau et le chapeau.

Pour le bouclier on lui disait : « Arme-toi de fidélité, de confiance, et sois un vrai chrétien ; les traits de la calomnie et du malheur ne te percevront pas. »

Pour les bottes : « Sois agile pour les bons, ne redoute aucun chemin où tu pourras propager ou trouver le bonheur. »

Pour le manteau : « Sois prince sur ton peuple, sois le bienfaiteur de tes frères ; donne-leur la science. »

Pour le chapeau : « Garde-toi de jamais changer ce chapeau de la liberté pour une couronne. »

Quant aux grades de *mage* et d'*homme-roi*, on ne faisait point de réception spéciale ; on se contentait de faire aux initiés une lecture pure et simple des instructions relatives à ces grades.

Tout était lié, tout était subordonné, dans le système de la Société des Illuminés, dans la gradation des mystères, dit M. Leynadier ; tous les adeptes d'une même ville ne formaient, malgré la différence de leurs grades, qu'une seule et même académie, dans laquelle le *candidat* et le *novice* étaient régis par l'*enrôleur* ou *insinuant*, qui les introduisait dans les loges minervales. Ces loges étaient régies par les frères illuminés *mineurs*, ceux-ci, à leur tour, étaient inspectés par d'autres frères illuminés *majeurs*.

Au-dessus de ces grades subalternes étaient les grades intermédiaires des *chevalier écossais* ; venaient ensuite les *époptes*, les *régents* ou *princes des petits mystères*, et enfin les *mages*, l'*homme-roi* des grands mystères.

Les adeptes de chacun des grades de l'illuminisme avaient des missions spéciales à remplir ; les *époptes*, par exemple, au nombre de neuf dans chaque district, et présidés par un doyen qu'ils élisaient eux-mêmes, présidaient aux sciences, distribués en sept facultés, qui étaient : la physique, la médecine, les mathématiques, l'histoire naturelle, la politique, les arts et les sciences occultes ; dans ce dernier article était compris l'art des écritures secrètes, l'étude des hiéroglyphes anciens et modernes.

La société avait, en outre, un aéropage qui se composait de douze membres.

« Dans ce conseil suprême, dit Weishaupt, se dévoilent complètement les maximes et la politique de l'ordre. Ici, on projette, on examine complètement comment il faut s'y prendre pour vous mettre peu à peu en état d'attaquer un jour en face l'ennemi de la raison et du genre humain. Ici encore s'examine comment ces projets pourront s'introduire dans l'ordre, et à quel frère on peut les confier ; comment chacun, en proportion des confidences qui lui en seront faites, pourra être employé pour l'exécution. »

Voici quelques-unes des instructions que Weishaupt laissa à ses successeurs :

« 1° Le général des illuminés sera élu par les douze pairs de l'aréopage, à la pluralité des suffrages.

« 2° Le candidat sera nécessairement un des membres de l'aréopage.

« 3° Les qualités requises dans un général illuminé, sont ; dégagement de tout préjugé religieux, politique et national ; il aura sans cesse devant les yeux les intérêts du genre humain ; nul homme à délivrer du joug ne sera étranger à son zèle ; c'est pour rendre la liberté et l'égalité à tous les peuples, qu'il est constitué supérieur général des illuminés.

« 6° Une grande partie de nos succès dépend de la conduite morale de nos antagonistes ; le général aura spécialement à cœur d'empêcher, parmi eux, les scandales qui pourraient nuire à la réputation de l'ordre. Il sera lui-même d'une chasteté, d'une sobriété, et d'une activité exemplaire, afin de rester en tout temps maître de son secret, et l'homme de conseil de tout moment.

« 12° Au soin de châtier les impudents, les lâches et les traîtres, le général ajoutera celui d'étudier les adeptes les plus propres à seconder ses vues dans chaque empire, et sans se faire connaîttre, il établira une chaîne de communication entre eux et lui ; il disposera lui-même les anneaux de cette chaîne, d'après le plan tracé par notre instituteur, comme le grand moyen d'atteindre, du sanctuaire où il réside, jusqu'aux extrémités de l'univers.

« 13° L'usage de la chaîne est très aisé ; il ne s'agit que de toucher au premier anneau ; un trait de plume est le ressort qui met tout le reste en actions. »

LES MANUSCRITS CODÉS DE LA GOLDEN DAWN

Origines Probables des Manuscrits Chiffrés,
selon des recoupements d'après les écrits de Eliphas Lévi, W.W. Westcott,
Robert A. Gilbert, Darcy Kuntz et Carroll P. Runyon.

Frédéric Macparty ©

1. La S.R.I.A.

L'aventure Rosicrucienne Anglaise débuta officiellement en 1866, sous le vocable de « Societas Rosicruciana in Anglia », plus connu sous ses initiales et dans la nomenclature anglaise de « S.R.I.A ». Cette société fut donc fondée par Robert Wentworth Little (1840-1878), avec l'appui de Kenneth Mackenzie (1833-1886), tous deux éminents Francs-Maçons et passionnés d'Arts occultes. L'origine de cette création fut, selon certaines sources, principalement liée à la fameuse découverte d'une copie manuscrite des *Symboles Secrets des Rosicruciens*, au *Freemasons Hall* de Londres. La revendication de cette société naissante s'appuyait sur une charte de la même Société Rosicrucienne (une Branche Écossaise) mais aussi sur l'initiation Rosicrucienne que Kenneth Mackenzie aurait reçu en Allemagne et qui lui aurait été conférée (notez le conditionnel !) par le Comte Apponyi qui aurait été en lien direct avec le Rite Ésotérique de la *« Gold-und-Rosekreuz »* allemande qui fut fondée en 1757 par Hermann Fictuld. Quoiqu'il en soit, la S.R.I.A. calqua son système de grades sur cette société allemande.

Les membres de la S.R.I.A. les plus influents à cette époque étaient, outre Robert Little et Kenneth Mackenzie, des personnages bien connus des apologues de l'occultisme : citons Frederick Hockley (1808-1885), F.G. Irwin (1829-1893), John Yarker (1833-1913) et W.W. Westcott (1848-1925). Notons par ailleurs et pour accréditer et entériner ce que les historiens modernes de l'ésotérisme avançaient — au regard bien entendu des documents que nous avons et qui comportent dans leurs contenus des Rituels de la S.R.I.A. — que cette mouvance était exclusivement réservée aux Maîtres Maçons.

Une adhésion honoraire avait été accordée à Lord Lytton (Sir Edward Bulwer-Lytton, auteur bien connu de *Zanoni*, d'une *Étrange Histoire* et des *Derniers Jours de Pompéi*) mais aussi à Eliphas Levi. En revanche le flou est permis concernant leur participation réelle ou fictive aux réunions de la S.R.I.A., tout en reconnaissant néanmoins les maintes allusions faites par certains occultistes ou historiens de l'ésotérisme sur les déplacements d'Éliphas Lévi à Londres en compagnie de Lord Bulwer-Lytton. D'un autre côté et pour information nous possédons la preuve de la venue à Paris de Kenneth Mackenzie au domicile d'Éliphas Lévi, pour y converser bien entendu sur la Kabbale, le Tarot et la Haute Magie.

Eliphas Lévi

La S.R.I.A. comportait en son sein quelques membres, dont certains furent ou prétendirent avoir été initiés au sein d'une Fraternité Rosicrucienne Continentale (on pense bien évidemment à Kenneth Mackenzie et Frederick Hockley). Il est évident que cette intéressante connection, bien que nous manquions de preuves écrites, semblait bien être celle de la *Gold-und Rosenkreutz*, la *Rose Croix d'Or Allemande*, dite *Ancien Système*, voire peut-être d'une branche encore plus discrète qui fut le *Collegium Rosæ Crucis*. D'ailleurs, on relèvera que la *Gold-und Rosenkreutz*, qui était soi-disant en sommeil, existait encore au début du XIXème siècle, comme en témoigne une précieuse et trop méconnue parution de *Frater Archarion*, le *Liber Aleph,* qui date de 1802 et qui est encore de nos jours conservé à la Bibliothèque Nationale d'Autriche.

Relevons aussi que Lord Bulwer-Lytton, qui aurait été en contact avec des Rose Croix continentaux, fut sûrement initié au sein des *Fratres Lucis* ; ses romans et récits y font largement allusions.

Lord Bulwer-Lytton

Frater Gualdi

Un autre point à ne pas négliger ici est le lien qui fut établi entre la S.R.I.A. et la *Gold-und Rosenkreutz* par l'intermédiaire d'un certain *Frater Gualdus* ou *Gualdi*. En effet, une étude contemporaine bien informée sur cet atypique personnage de la Tradition Rosicrucienne continental vient de lui être consacrée : *Un Rose-Croix méconnu, entre le XVIIème et les XVIIIème siècles : Federico Gualdi ou Auguste Melech Hultazob Prince d'Achem, avec de nombreux textes et documents rares et inédits pour servir à une histoire de la Rose-Croix d'Or* par Alexandre de Dánann chez Arché.

Une étrange cérémonie.

Le cursus initiatique de la S.R.I.A. fait état dans le déroulement de son rituel cérémonial d'une bien étrange histoire (échelonnée en quatre parties) et qui s'appuie dans sa narration principalement sur un membre de l'ordre original des Rose Croix, le fameux *Frater Gualdi*, l'un des supposés ou réels protagonistes de la *Gold-und Rosenkreutz*. « Travaillant durement pour essayer de trouver l'*Élixir Vitæ*, frater Gualdi sonnait la cloche du cérémonial au milieu de la nuit pour annoncer son succès. Cependant, quand les autres Frères l'ont rejoint, il gisait à terre, apparemment mort. Les Frères ont essayé de découvrir son dernier secret en consultant les papiers et les notes concernant son travail, mais en vain ».

Cette histoire, tragique pour les profanes, se réfère tout simplement dans son allusion au Grand Œuvre ; en d'autres termes les grades successifs de la S.R.I.A. représentent et véhiculent dans son ensemble la reconquête du Grand Œuvre. Ainsi, l'Initié est mis en scène dans le rôle d'un Frère essayant d'assembler la découverte du *Frater Gualdi,* par l'investigation de *l'Alchimie, l'Astrologie, de l'Astronomie, la Magie etc.* A l'apogée de la cérémonie du Grade de Philosophus, l'Initié voit *Gualdi* revenir à la vie puis, parallèlement, il entend un cantique et analyse le sens de ses sons modulés, de ses paroles, qui sont en fait des indices sur la vraie nature de l'*Élixir Vitæ*.

Les grades de la S.R.I.A.

Avant d'aborder les degrés ou grades de la S.R.I.A., il nous paraît nécessaire de signaler et de rappeler que Kenneth Mackenzie emprunta les grades rosicruciens allemands et les introduisit, pour le compte de la S.R.I.A, dans son volumineux ouvrage : *Royal Masonic Cyclopedia* (1877).

La S.R.I.A. possède donc dans son cursus magique et initiatique neuf degrés, dont quatre degrés d'apprenti.

— Le premier ordre : I° Zelator, II° Theoricus, III° Practicus, IV° Philosophus.

— Le second ordre (Trois degrés d'Enseignant) : V° Adeptus Minor, VI° Adeptus Major, VII° Adeptus Exemptus.

— Le troisième ordre (deux degrés de Gouvernant) : VIII° Magister Templi, IX° Magus.

Ces Grades figurent également dans la Constitution des *Gold-und Rosenkreutz*, (à moins que ces degrés initiatiques ne figurent déjà au sein de la Société Rosicrucienne Écossaise). Toutefois une petite variante existe dans le système des grades entre ceux de la *Gold-und Rosenkreutz* et du *Collegium Rosæ Crucis* et celui du système mentionné et énuméré ci-dessus, principalement dans le premier degré qui avait pour substantif *Junior*.

On relèvera dans la nomenclature des grades une autre divergence de noms ou d'appella-tions et concernant respectivement le V° et VI° qui ne sont pas nommés *Adeptus* mais *Minor* et *Major*. Le Grade d'Adeptus n'est figuré qu'au VII° (*Adeptus Exemptus*). Nous savons par ailleurs que le *Collegium Rosæ Crucis* et la *Gold-und Rosenkreutz* ne possé-daient dans leur cursus initiatique que trois grades, *Apprenti*, *Philosophe* et *Adepte*.

En d'autres termes et pour résumer on relèvera que les grades de *Junior*, *Theoritecus* et *Practicus* représentent l'Apprenti. Les Grades de *Philosophus*, *Minor* et *Major*, ne sont qu'un seul et unique grade et correspond au Philosophe. Quant au dernier grade, celui d'*Adeptus Exemptus*, de *Magister* et de *Magus*, il fait partie de la classe des Adeptes.

Au sein de la S.R.I.A., le passage aux VIII° et IX° grades pouvait être réalisé, contrairement au cursus échelonné et initiatique de l'Ordre Hermétique de l'Aube dorée qui stipulait que les *Magister Templi* et les *Magi* étaient les mystérieux *Chefs Secrets surhumains*.

Bien que ces degrés puissent être accordés théoriquement sur une base *Honoris Causa* (par exemple pour une vie remarquable passée au service de l'Ordre Rosicrucien), ils étaient réservés habituellement aux plus anciens administrateurs de la Société. Pour exemple, William Woodman était *Magus*, et dans un certain sens il était considéré comme le Suprême Magus de la S.R.I.A. comme le fut son prédéces-seur W. W. Westcott. Selon les règles spécifiées de cette hiérarchie on relèvera éga-lement que les adjoints du Magus étaient considérés comme ses Mages Substituts, *Senior* et *Junior* (*idem* pour le *Chef Adepte*).

Quelques notions significatives sur les Grades de la S.R.I.A.

Le Zelator, connu sous d'autres substantifs *Illuminatus* ou *Junior* — nom mystique *Periclinus de Faustis*. Au stade de ce premier degré, l'aspirant est reçu comme Apprenti et exhorté à commencer sa Quête de la Vraie Sagesse. On lui transmet en parallèle les affaires internes du Collège.

Le Theoricus ou Theoreticus — nom mystique *Poraius de Rejectis* — est intéressé par la réalisation de l'or dans son sens spirituel. Tous les aspects théoriques de la Divinité, sous toutes ses formes, sont dans ce contexte particulier étudiés.

Le Practicus — nom mystique *Monoceros de Astris* — est à ce niveau de son initia-tion ou de son parcours spirituel endurci à l'épreuve et trouve d'autres sources es-sentielles dans la forme pour inventer. Autrement dit ce grade aborde toute la spiri-tualité de l'Alchimie.

Le Philosophus — nom mystique *Pharos Illuminans* — étudie la Botanique, l'histoire naturelle et les branches de la science. Il aborde toutes les sources de la Philosophie et les textes Sacrés de toutes les Religions.

L'Adeptus Minor — nom mystique *Hodos Chamelionis* — découvre le Soleil Philosophique et fabrique de merveilleux remèdes. L'Aspirant doit au moins avoir passé 4 années dans l'Ordre.

L'Adeptus Major — nom mystique *Sphaere Fortus a Sales* — trouve la *Lapidem Mineralis* ou Aimant.

L'Adeptus Exemptus — nom mystique *Ianus de Aure Campus* — trouve la Pierre des Philosophes, et étudie la Qabalah et la Magie Naturelle.

Le Magister Templi — nom mystique *Pedemontanus de Rebus* — possède les Trois Principales Sciences à un degré parfait.

Le Magus — nom mystique *Luxianus Renaldus de Perfectis* — est supérieur aux autres tant par son grade que par son savoir, semblable à Moïse, Aaron, Hermès (Trismégiste) et Hiram (Abiff).

Contrairement à la *Golden Dawn* qui en voyait l'origine à la SRIA, le degré de *Néophyte* n'existait pas car tous les membres de la SRIA étaient Maîtres Maçons depuis au moins six mois (*idem* pour la *Rose Croix d'Or Allemande*, dite Ancien Système). Les Officiers internes du Collège sont : *Célébrant, Interprète, Aumônier, Trésorier, Secrétaire, Directeur des Cérémonies, Premier Ancien, Second Ancien, Troisième Ancien, Quatrième Ancien, Conducteur des Novices, Porteur de Torche, Maître de Chapelle, Organiste, Officier de l'état civil des Mottoes, Héraut, Gardien, Cellarius et Acolyte.*

Les membres de la S.R.I.A. devaient aussi croire en la Sainte-Trinité de la foi Chrétienne. C'était aussi une société uniquement masculine. Autrement dit, il n'y avait pas de Co-Maçons ou de femmes, contrairement à la *Golden Dawn* qui était mixte. Depuis peu et de nos jours, des branches de la S.R.I.A. comme la *Societas Rosicruciana In America* intègrent des femmes. D'ailleurs, on notera que cette dernière est dirigée par une femme.

Enfin, signalons que de nos jours la S.R.I.A., assez populaire en Amérique, a la possibilité d'installer ses propres branches. C'est ce que firent certains maçons américains en obtenant (par exemple) une charte de l'ordre anglais pour fonder la *Societas Rosicrucianis en Civitatibus Federatis* (S.R.I.C.F.).

Avant de poursuivre et de brosser un petit historique sur la Société des Huit, une constatation de taille s'impose sur le lien parfois controversé entre la SRIA et la GD. En effet, à la lecture des rituels de la S.R.I.A. on peut conclure avec certitude qu'ils sont totalement différents de ceux des cérémonies de la *Golden Dawn,* même pour les degrés équivalents.

2. La Société des Huit

En 1883 était fondée et sous la houlette d'un ancien membre de la S.R.I.A., Frederik. Holland, la fameuse et discrète *Société des Huit — The Society of Eight*. Ce Franc-maçon était connu par ses pairs pour être un théurgiste d'exception et un alchimiste compétent. L'occultiste Kenneth Mackenzie, amateur de rites maçonniques marginaux et auteur entre autres du *The Royal Masonic Cyclopaedia* (1877), fut de la partie et l'assista dans sa démarche. Ce dernier écrivit même une petite lettre enthousiasmante, datée du 28 août 1883, à un autre membre de la S.R.I.A. et répondant du nom de F. G. Irwin pour lui vanter les vertus de la Société des Huit :

Cette société implique d'Œuvrer et non de jouer. Elle n'a rien à voir avec les pauvres moyens de la folie rosicrucienne de Little. Nous sommes pratiques et non visionnaires et nous ne possédons pas de degrés bâtards. Ce non-sens est démodé.

Le libraire R. A. Gilbert, devenu par sa profession un érudit en matière d'histoire sur l'occultisme et d'hermétisme en Angleterre, nous offrit des informations supplémentaires sur cette méconnue Société des Huit en écrivant dans *Supplement of Provenance Unknow* que :

Une copie manuscrite, en partie de la main de Holland, concernant les affaires de la Société des Huit et daté de 1895, possède une liste des membres sur la page titre et une lettre de J. Yarker à R.S. Brown concernant la Société. Les Membres sont les suivants : F. Holland, K. Mackenzie, J. Yarker, F.G. Irwin, F. Hockley, B. Cox, W.W. Westcott et S.L. Mathers ! Nous devons toutefois noter que ces deux documents sont daté de 1895, lorsque Mackenzie, Yarker, Irwin, Hockley & Cox étaient décédés ; mais aussi que le nom de Mathers est ajouté au stylo.

Il est vrai que Frederick Holland appréciait Mathers et l'encouragea vivement à poursuivre ses études Occultes. Peu après le décès de Holland, survenu le 10 novembre 1885, Mackenzie proposa aux Frères de la S.R.I.A. que la place vacante devait être reprise par Mathers. Ce dernier y fut ainsi reçu.

La Société des Huit qui était, dans sa spécificité, portée sur la partie théorique et pratique des arts occultes ne semblait pas posséder de Rituels d'Initiation. Cependant une courte lettre de John Yarker (1833-1913) à Brown, aussi surprenante qu'elle soit dans son contenu, nous apprend ce qui suit :

La Vieille Société des Huit pourrait être une face de l'Ordre Martiniste, avec les cérémonies d'Initiation du Martinisme. De par cette lettre de J. Yarker, datée de 1885, nous pouvons présentement observer et constater par une déduction toute aussi élémentaire que non seulement il existait un ordre martiniste en Angleterre, mais que ce dernier devança chronologiquement l'Ordre Martiniste français de Papus et de ses émules, fondé comme nous le savons à Paris en 1888.

John Yarker 1833-1913

Notons que la discrète Société des Huit n'eut qu'une existence en somme toute assez brève, imputable à un désaccord survenu entre Holland et Mackenzie. D'ailleurs une lettre de ce dernier écrite du temps de son vivant et datée du 20 novembre 1885 informa Irwin que : *La Société des Huit est désormais en sommeil par la faute de Holland.*

Peu de temps après et dans la même année, Holland décéda, suivi rapidement de Mackenzie en 1886. Nous ne savons, hélas, rien d'autre sur cette singulière et éphémère mouvance fondée en 1883 et disparue en 1885, mais il semblerait, pour information, que les documents de la dite Société transitèrent en partie au sein de la S.R.I.A., par le biais des proches de F. Holland.

3. Les auteurs hypothétiques des Manuscrits

L'influence d'Éliphas Lévi sur Kenneth Mackenzie.

En prenant pour base le contenu initiatique présenté sous forme de graphisme et d'écrit (Tarot et Kabbale) dans les fameux manuscrits, nous pouvons aisément faire un lien entre les enseignements d'Éliphas Lévi et la possible transcription de ces documents par K. Mackenzie.

Ce dernier, personnage haut en couleur de l'occultisme, naquit le 31 Octobre 1833 à Deptford - Londres et vécut ensuite son enfance à Vienne (Autriche). Il traduisit plusieurs ouvrages de l'Allemand à l'Anglais (dont *Discoveries in Egypt, Ethiopia and the Peninsula of Sinaï*), parlait également couramment le français et s'intéressait plus particulièrement à l'Antiquité. Il fut d'ailleurs reçu comme membre d'honneur de *la Société des Antiquités* en 1854. Mais sa « marotte » était avant tout la Cryptographie et l'Occultisme ; au demeurant sa réputation à ce propos n'était plus à faire, notamment dans le milieu maçonnique où l'on admirait encore son érudition. En fait foi sa traduction des manuscrits de *The Grand Lodge of the Three Globes*.

En tant qu'occultiste averti, il étudia tout naturellement l'œuvre de l'Abbé Jean Trithème tout en maîtrisant fort bien la *Polygraphie ;* il prit d'ailleurs pour nom mystique et de plume, *Cryptonymus.*

Alphabet de Jean Trithème,
extrait de "Polygraphiæ et Universelle Escriture Cabalistique, Paris 1561,
ayant servi à la Création des Manuscrits Codés.

Comme nous l'avons vu, K. Mackenzie faisait partie de cette poignée de Franc-maçons qui s'intéressait à l'Occultisme. En petit comité, ces occultistes s'échangeaient tout naturellement leur savoir et documents qui avaient trait à la Kabbale, à l'Alchimie (qui était également développée dans la S.R.I.A.) mais aussi à la Magie et au Tarot, sans omettre surtout la Magie Énochéenne qui était au centre des considérations de Frédérick Hockley et de Mackenzie. Nous connaissons bien entendu les liens entre Eliphas Lévi et Mackenzie ainsi que la venue de ce dernier à Paris ; il est justement intéressant ici de mentionner et de rapporter à ce propos le témoignage oculaire de Mackenzie à propos du mage parisien en nous référant à la revue interne de la S.R.I.A., *The Rosicrucian.*

Kenneth Mackenzie 1833 - 1886

Je lui dis que j'avais fait collection, pendant un certain temps, de documents relatifs au jeu occulte du Tarot, et que je désirais tout particulièrement savoir s'il entendait, comme il en avait exprimé l'intention dans « Dogme et Rituel de Haute Magie », publier un jeu complet de tarot.

Il répondit qu'il était très désireux de le faire et il prit parmi ses manuscrits un petit volume dans lequel étaient représentées les vingt et une lames du Tarot plus le Zéro ou le Fou, d'après les auteurs faisant autorité. Ces cartes étaient dessinées de sa propre main, et le petit volume contenait un grand nombre de symboles de théurgie et de goétie, une liste de citations tirées des Clavicules de Salomon et d'autres textes occultes.

Ce petit ouvrage (me confia-t-il) lui avait coûté vingt ans de travail. Il fut assez aimable pour déclarer que si j'avais un jour l'intention de publier en Angleterre un jeu de Tarot, je pouvais compter sur lui pour toute l'aide nécessaire, et qu'il me communiquerait tous les dessins et toutes les instructions pour leur utilisation.

Les liens entre les lettres hébraïques, les 22 lames du Tarot et l'arbre de vie

A notre connaissance, Eliphas Lévi fut probablement le premier qui fit, selon son propre terme, des « arrangements » (voir notamment *Dogme et Rituel de Haute Magie*) entre les lettres de l'alphabet hébreux, les 22 lames du Tarot et les 22 sentiers de l'arbre de vie. Bien des auteurs ou occultistes, voire des mouvances ésotériques (bien entendu la *Golden Dawn* en premier !), suivront à leur façon l'exemple. D'autres, en revanche, se cantonneront dans le *compendium* (Oswald Wirth, Marc Haven, Paul Foster Case, etc...). On soulignera aussi un document, non traduit en français, que W. W. Wescott publia en 1896, sous le titre de *The Magical Ritual of the Sanctum Regnum, interpreted by the Tarot Trumps* et qui provenait des archives de K. Mackenzie.

Attardons-nous quelque peu sur les attributions faites par la *Golden Dawn* pour nous faire une idée ou une opinion plus précise sur l'objet qui nous intéresse ici. Ainsi, comme dans les manuscrits codés, folio N°35 du grade de Practicus, *l'Arcane du Fou* est bien attribué au *Zéro*. Ce développement des enseignements sur le Tarot est consigné dans la *Section F du Grade de Practicus 3°=8·, folios 36 à 41*, et correspond tout bonnement aux enseignements d'Eliphas Lévi.

On relèvera, cela a son importance dans les faits et conclusions qui vont suivre, que le système Qabalistique prôné et utilisé dans la structure initiatique de l'Ordre Hermétique de l'Aube Dorée (on se réfère tout spécialement ici aux liens entre la kabbale et les Arcanes du Tarot) se modifia, par l'entremise notamment de Mathers et de Westcott.

Pour la petite histoire, Samuel Liddel Mathers fit plusieurs lectures et conférences sur le Tarot à la *Société Hermétique* ou *The Hermetic Lodge* d'Anna Bonus Kingford (1846-1888), fondée en 1884. Parallèlement, Mathers traduisit du Français à l'Anglais un opuscule sur le Tarot qui consigne les premières correspondances, soit *Aleph* le Bateleur etc. Il s'agit de *The Fortune Telling Cards. The Tarot, its occult signification, use in fortune telling, and method of play, etc.* Cet opuscule fut publié chez George Redway en 1888. Un autre document plus tardif écrit par S.L. Mathers utilise les attributions contenues dans les manuscrits codés.

En définitive, on peut d'ores déjà affirmer et sans l'ombre d'un doute que tous les enseignements ou écrits modernes concernant le Tarot proviennent à l'origine de cet arrangement, aussi bien les développements que Aleister Crowley fit dans son *Livre de Thoth* que les enseignements de Paul Foster Case ou de son école *Builders Of The Adytum* (B.O.T.A.). Pour s'en convaincre, il n'est pas inutile d'en relever encore quelques détails par des exemples qui pourraient, dans la démonstration qui va suivre, être un tantinet technique pour le lecteur non averti.

Folio 38 des Manuscrits Codés

Ainsi, les enseignements et les dessins publiés dans les fameuses « lettres » entre le Baron Spédalicri et son maître Éliphas Lévi nous prouvent également que de nombreux symboles utilisés dans la Golden Dawn proviennent bien des enseignements de Lévi.

Dans la lettre n° 78 à propos de *la Transfiguration et de la Réabilitation du Shin*, Éliphas Lévi réalise deux dessins ; le premier croquis symbolise des figures masculines et féminines sur l'Arbre de Vie. Ces deux graphismes peuvent aisément se comparer aux dessins du Folio 31 concernant le Grade de 3°=8° de Practicus. Le premier symbole concerne donc les Séphiroth et les polarités qui sont inhérentes à l'arbre de vie ; son graphisme est nommé *l'Eden après la chute*. Sa polarité illustré et symbolisé par le dessin représentant un homme et une femme sont non seulement associée aux Séphiroth mais aux Piliers. Le second dessin d'Éliphas Lévi est *la transfiguration de la lettre Shin* qui est symbolisé par une sorte d'Ancre ayant une croix de calvaire qui la surmonte. Le graphisme de la symbolique de l'Arcane 20 du *Jugement,* à laquelle la *Golden*

Dawn attribue la lettre *Shin*, retrouve la même dynamique de mouvement, mais le *Shin* est nettement plus marqué dans son graphisme et l'Ange du Jugement Dernier soufflant dans sa trompette qui se trouve au-dessus de la lettre possède le même sens symbolique que la croix.

La Transfiguration de la lettre Shin   *Le Jugement, lettre Shin du Folio 31,*
selon E. Lévi   *Grade de 3°=8· de Practicus.*

Dans la lettre 118, Éliphas Lévi traite des figures symboliques du tarot, le symbole du souffre pour l'empereur et d'un hiéroglyphe inversé qu'il attribue à l'Elixir de Vie et à l'Arcane 12 (le pendu). Ces deux graphismes seront repris dans le Tarot de la *Golden Dawn* et utilisés dans leur rituel (symbole qui se trouve sur l'autel au grade de Théoricus et de Philosophus, associé respectivement à l'élément Eau et Feu).

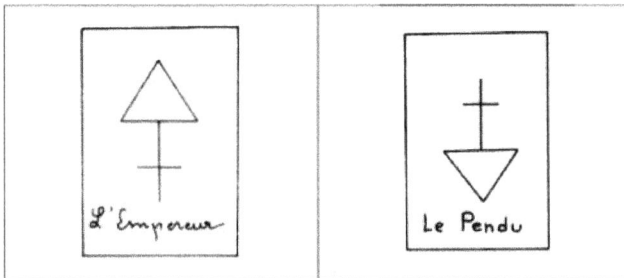

L'Empereur (Arcane 4) selon E. Lévi   *Le Pendu (Arcane 12) selon E. Lévi*

Ces symboles du Triangle et de la Croix associés et agencés de différentes façons selon le grade correspondant sont ainsi utilisés dans l'Ordre Extérieur :

Néophyte	Zelator	Theoricus	Practicus	Philosophus
0°= 0·	1°= 10·	2°= 9·	3°= 8·	4°= 7·

5 triangles dont trois surmontés d'une croix

Eliphas Lévi trace (voir les dessins ci-dessous) et associe par la même occasion le symbole des trois substances alchimiques ou principes constitutifs de la matière, que l'on retrouve dans le folio 48 du Grade de Philosophus 4°= 7°. La *Golden Dawn* associe les sphères aux Séphiroth, et trace également les trois principes F, H & G sur l'Arbre de Vie.

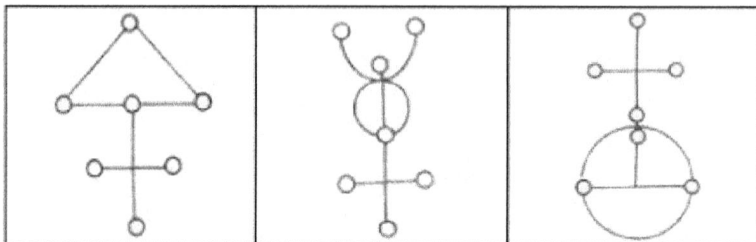

Le Souffre selon E. Lévi   *Le Mercure selon E. Lévi*   *Le Sel selon E. Lévi*

Folio 48, et les symboles du Sel et du Mercure sur les Sépiroth

Soulignons que dans la lettre 115, la symbolique de la Croix de Malte et du Cube développée en analogie avec les Séphiroth (voir ci-dessous) seront également réinterprétée dans la *Golden Dawn*. Il existe à la G. D. une autre interprétation, précisément pour le cas du Sceptre de Præmonstrator, mais par le biais des 4 éléments (la croix de Malte). Les cubes déployés en Croix de calvaire ou autres sont omniprésents dans les grades de la *Golden Dawn* (entre autres dans les badges d'admissions).

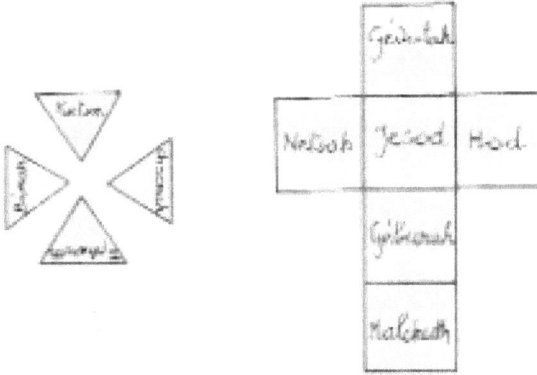

5 triangles dont trois surmontés d'une croix

On notera toutefois et pour la symbolique des sceptres, utilisée dans le rituel de la GD, l'apport minime mais indéniable de la Franc-maçonnerie ; par exemple le sceptre à tête mitré de l'officier Hegemon et le sceptre couronné du Hiérophante sont tirés du Rite Maçonnique du *Royal Arch*. Les noms des officiers & leurs rôles proviennent du *Crata Repoa, Initiations aux Anciens Mystères des Prêtres d'Égypte, Anonyme de 1770*.

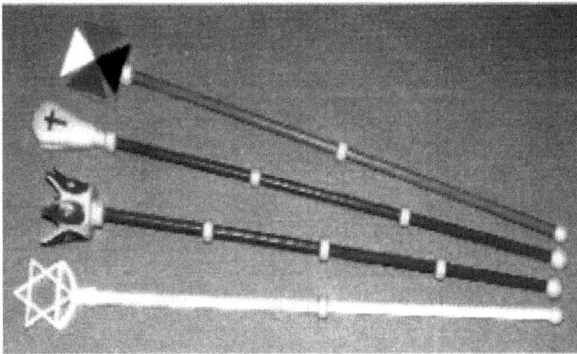

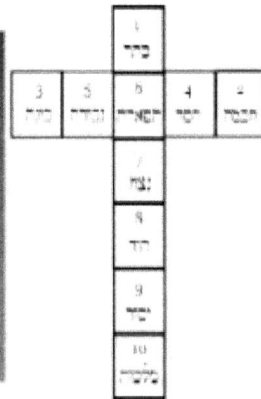

Sceptres des Officiers Supérieurs de la Golden Dawn
& Badge d'Admission au sentier 27 de Mars, grade de Philosophus.

Dans la Lettre n° 116 de Lévi, il y a un graphisme représentant *l'Arbre de Vie avec la Sephirah Daâth* que l'on retrouve dans le Folio 53 du grade de Philosophus 4°= 7°.

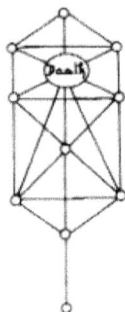

Daâh arbre de vie simplifié

Les personnes qui ont étudié le système qabalistique de la *Golden Dawn*, et plus particulièrement les attributions des 22 lettres sur les sentiers de l'Arbre de Vie, constateront que le système et les emplacement des lettres qui sont écrits dans le manuscrit ne correspondent en aucun cas avec le système qui sera mis en place par W.W. Westcott et S.L. Mathers. Ces derniers s'inspireront et utiliseront tout simplement le système d'*Athanasius Kircher*, bien que les attributions planétaires des Sephiroth soient différentes.

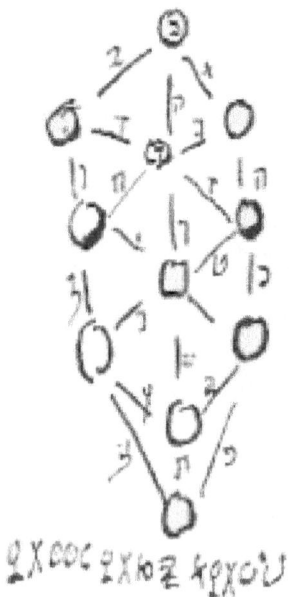

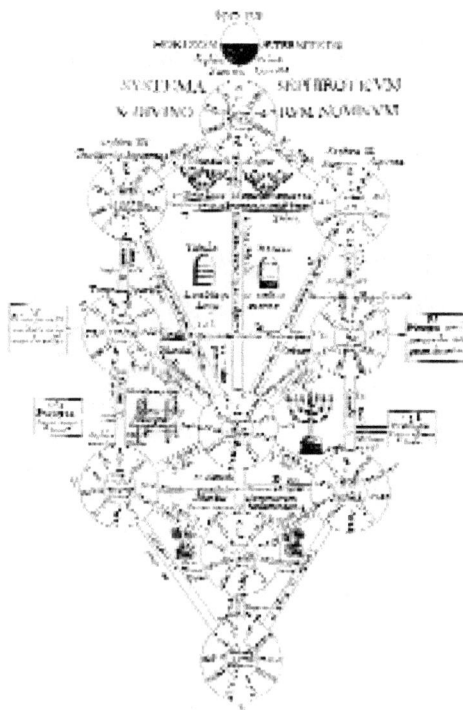

L'Arbre de Vie et Daath,
ainsi que les attributions des lettres hébraïques
extrait des Manuscrits Codés

L'Arbre de Vie selon Athanasius Kircher, extrait de Oedipus Ægyptiacus 1653.

Kenneth Mackenzie et Frédéric Hockley, via John Denley.

L'un des aspects du cursus « magico-occultiste » contenu dans les manuscrits codés, c'est-à-dire la Magie Enochéenne, provient de Frédéric Hockley. Ce dernier, né en 1808 et décédé en 1885, était aussi un membre la S.R.I.A. Réputé pour ses connaissances occultes et sa pratique de la Magie Angélique, il s'était bien entendu penché sérieusement sur les travaux de John Dee (1527-1606), créateur, avec l'aide du médium Edward Kelly (1555-1595) de la magie Enochéenne ; ainsi que sur l'un des successeurs du Dr Dee, le Docteur Thomas Rudd (1583-1656), auteur des *Clés de Salomon* et des *Neufs Hiérarchies d'Anges* (Manuscrits Sloane MS 3825 de la British Library & Harley MS 6482), dont il possédait des copies manuscrites.

F. Hockley était un praticien assidu de la Vision dans le Cristal (*Cristal Skrying*) et des Miroirs Magiques. A l'instar de John Dee, il utilisait les services des femmes « médiums » et aurait eu plus 12 000 réponses aux questions qu'il posait aux esprits. C'était également un grand collectionneur d'ouvrages, de manuscrits et de curiosités occultes. A ce propos, il est intéressant de souligner que l'imposante bibliothèque que possédait Frédérick Hockley provenait en grande partie de la fameuse librairie de John Denley (1764-1842). C'est au demeurant de cette librairie dont il est fait mention dans *Zanoni* de Bulwer-Lytton, et le mystérieux libraire ne serait autre que John Denley. Ce dernier aurait remis à Bulwer-Lytton les fameux documents codés qui seraient à l'origine de cette histoire romanesque et initiatique. Denley aurait également révélé à Lord Bulwer-Lytton qu'il avait eu un ancêtre rosicrucien du nom de John Bulwer.

John Denley, alchimiste supposé ou réel du XVIème siècle, aurait été à l'origine des documents qui circulaient dans le petit cercle occulte de Francis Barrett, auteur de *The Magus,* ouvrage central du renouveau de la Magie Opérative en Grande-Bretagne. Bien que cet ouvrage soit en grande partie inspiré, pour ne pas parler de paraphrase, de *la Philosophie Occulte* de Cornelius Agrippa, il fut une référence au XIXème siècle, donc bien avant Eliphas Lévi qui s'en inspira aussi. Tel est ainsi le résumé global mais exact dans les faits sur la connection entre les différents protagonistes de cette tradition britannique.

Il semblerait, pour être complet, que Frédérick Hockley ait transmis ses connaissances et des documents concernant la pratique et le fond de la Magie Énochéenne à Kenneth Mackenzie qui fut semble-til l'un de ses plus proches collaborateurs. En synthétisant quelque peu le fond des manuscrits codés à l'origine de la *Golden Dawn,* nous avons en définitive plusieurs parties provenant de plusieurs fonds; les enseignements d'Éliphas Lévi concernant le Tarot et la Kabbale ; les enseignements de la magie pratique provenant de Frédérick Hockley, via John Denley et indirectement Francis Barrett, ainsi qu'un ouvrage de F.G. Irwin (également membre de la S.R.I.A. et de la Société des Huit), *The Star Rising in the East ; or A Brilliant Light Revealed unto Men*, datant de 1874.

C'est ici que nous pouvons définitivement entériner le lien entre la Société des Huit et les fameux manuscrits codés qui auraient fourni l'ossature même du système magique de la *Golden Dawn*, car de nombreux points convergent indiscutablement et toujours dans le même sens…

(A suivre)

La Kabbale de Languedoc

Madeleine Ribot-Vinas ©

Photo Ribot-Vinas, dessin Régine Cerda ©

S'il est en terre occitane une ville dont la visite mérite le détour, c'est bien Lunel en Petite Camargue. Située à égale distance de Nîmes et de Montpellier, cette petite cité a grandi dans les lagunes formées par le delta du Rhône et du Vidourle, aux limites du Gard et de l'Hérault. Ville phare, cité sainte au Moyen-âge, elle témoigne d'un temps où l'étude de la philosophie, des sciences médicales, de l'astronomie, de la botanique, du Talmud et de la Kabbale préoccupaient une lignée de sages. Non loin d'elle brillait Posquières, nichée sur une costière et qui plus tard allait devenir : Vauvert (Gard).

Dans un monde en devenir agité par les croisades, la terre occitane avait su rester ouverte et tolérante, nourrie de sciences venues du fond des âges, tout un savoir d'expression gréco-judéo-arabe qui lui fut transmis par les communautés juives présentes sur son sol depuis la colonisation romaine. Elle doit sa brillante civilisation aux échanges qui se faisaient depuis toujours avec les pays du bassin méditerranéen et au Moyen-âge, avec l'Orient, les îles Baléares, les royaumes d'Aragon, de

Majorque, de Sicile, l'Italie et l'Espagne musulmane. Au carrefour des échanges, cette terre de passage et de brassage fut un véritable creuset multiculturel, terreau fertile permettant l'émergence de puissants courants de pensée philosophiques, théologiques, poétiques qui l'ont façonnée d'une marque identitaire forte et originale, riche car pétrie du respect des cultures venues d'ailleurs et de leurs apports.

Après l'occupation romaine, soumise au royaume wisigoth, l'arianisme y a trouvé refuge ; occupée un temps par les Sarrazins puis reconquise, la Septimanie accueillait d'Espagne l'adoptianisme. De Lombardie lui est venu le catharisme. Cette nouvelle « hérésie » a duré tout au long de la féodalité jusqu'à son écrasement total au cours de la croisade levée contre les albigeois ; elle a marqué cette province d'une empreinte profonde, imprégnant l'âme des comtés, vicomtés... Foix, Albi, Toulouse, Carcassonne, Béziers, pour n'en citer que quelques uns. La terre occitane a vu fleurir la « *fin amor* », l'amour courtois, un idéal de civilisation, celui des cours d'amour des troubadours de langue d'oc ; selon Gershom Sholem c'est aussi le berceau de la Kabbale et des ses premiers grands commentaires ; c'est encore le refuge des familles sépharades venues d'Andalousie qui ont légué à l'Europe judéo-chrétienne grâce à leurs traductions de la langue arabe en hébreu et en occitan, un héritage précieux de savoirs issus de l'Antiquité. Elle a connu son âge d'Or au XIIème siècle et selon les historiens, « *une renaissance avant l'heure* » donnant à l'Europe en devenir sa première université — Montpellier — où étaient enseignées les sciences médicales.

C'est à la Kabbale occitane que nous consacrerons ces pages et à ce phénomène tout-à-fait original et particulier : puisant aux sources de l'Israël biblique cette tradition a eu un berceau en Languedoc au Moyen-âge, rayonnant vers Arles en Provence, l'Espagne, l'Italie, les centres de Cologne et de Mayence en Allemagne. En terre occitane elle fut enseignée dans trois grandes écoles : Narbonne, Lunel et Posquières.

De l'oral à l'écrit

Plusieurs fois millénaire, la Kabbale juive est une tradition ésotérique. Gershom Sholem situe son origine en Languedoc, mais selon la tradition elle serait née en Orient aux temps adamiques et enseignée par Sem fils de Noé à son petit-fils dans la grotte de Shem va Ever à Safed en Terre sainte. Comme la Torah, elle fut transmise oralement pendant des siècles, les rabbins ayant interdit sa transcription, tout comme l'ensemble des interprétations, coutumes et pratiques traditionnelles de la Loi.

La destruction du premier Temple de Jérusalem par Nabuchodonosor (- 586 av. notre ère) et la déportation du peuple juif en Babylonie, son exil pendant cinquante ans, ont menacé la transmission de la Loi ; devant la gravité de ces évènements les rabbins consentirent à lever l'interdiction, elle fut alors mise par écrit. Afin d'en faciliter la compréhension elle fut complétée par l'interprétation autorisée de la Loi orale : la Mishnah et le Talmud ; aux yeux des grands sages, la Torah orale a pu être plus importante que la Torah écrite. Toutefois les rabbins jugent que l'une et l'autre Torah ont été données à Moïse sur le Mont Sinaï. Au moment de la période de la suprématie grecque, sous la dynastie des Ptolémée (312 – 298 av. notre ère) le grec devint la langue prédominante dans tout le bassin méditerranéen ; les écritures sacrées furent alors traduites de l'araméen en grec. Soixante-dix érudits juifs furent appelés à quitter Jérusalem pour venir s'établir à Alexandrie afin de s'atteler à cette entreprise. Cette traduction prit le nom de Bible de « Septante ».

La Kabbale, qui peut être considérée comme une religion dans la religion, est la somme des commentaires mystiques et ésotériques des textes bibliques et de leur tradition orale. Les visions des Prophètes de la Bible jaillissent de voyages mystiques au cours desquels ils parvenaient à un état extatique après un long et difficile cheminement intérieur. Au début elle fut transmise oralement, sans véritable cohérence, à de petits groupes d'initiés et dans le plus grand secret. Les grands sages ou maîtres kabbalistes ont été présents dans les centres rabbiniques de Babylone, Alexandrie, Jérusalem, Césarée Maritime, Sepphoris, Tibériade. Après la chute de Jérusalem (70 de notre ère), le Temple détruit, la synagogue le remplaça devenant le centre rabbinique, la maison d'étude et de prière, d'interprétation et de transmission de la Loi. La *menorah* ou chandelier à sept branches fut l'emblème du peuple d'Israël en exil. Les maîtres ont alors enseigné dans les grandes communautés juives de diaspora : Babylone, Damas, Baghdâd.

Au carrefour des cultures et des civilisations

Dès le VIIème siècle, la conquête arabo-musulmane des empires perse et byzantin avait favorisé au Proche-Orient l'implantation d'un rabbinisme uniforme. L'arabisation s'y était faite lentement, et sous les califats omeyades et abbasides (entre 750 et 969 environ de notre ère) la langue arabe y était devenue peu à peu majoritaire, remplaçant le grec. La philosophie grecque fut alors confrontée au judaïsme rabbinique, transmise et interprétée en langue arabe par des commentateurs musulmans. Les traducteurs juifs ont joué un rôle de tout premier plan et furent des passeurs de culture entre musulmans et chrétiens.

En Occident, durant la colonisation romaine, Narbonne était la capitale d'une vaste province qui s'étirait de l'Italie à l'Espagne : la Narbonnaise, la plus romanisée des trois Gaules, appelée *Provintzia* par les Juifs. De nombreuses communautés juives y vivaient. Après la chute de l'empire romain, vivant sous la domination d'un royaume wisigoth, occupée un temps par les Sarrazins, Narbonne était restée une ville prospère grâce à son port où s'exerçait un commerce très actif ; sa communauté juive cohabitait sans problème avec les wisigoths et l'occupant musulman, jusqu'à sa reconquête par Pépin le Bref en 759. Au moment de la paix franque, signée par Charlemagne, et des réformes administratives qui s'en suivirent (802), les ports ouverts sur la Méditerranée et les royaumes d'Orient allaient connaître un nouvel essor. A la demande de l'empereur, beaucoup de Juifs vinrent s'installer sur ses terres afin d'y développer leurs savoirs. Sur la route maritime qui reliait la Septimanie au Proche-Orient, aux grands centres culturels de Babylone, Baghdâd, Damas, à l'Espagne d'Al Andalus, le port de Narbonne occupait une position de plaque tournante à la fois commerciale et culturelle.

Sa communauté juive y jouissait d'une grande renommée, au point d'être appelée au XIIIème siècle « *Ner Binah : phare de la science* ». Le rayonnement de cette école allait bien au-delà du cadre régional ; de cette brillante communauté de savants naîtront les centres culturels et scolaires de Lunel et de Posquières qui verront l'émergence, à partir de l'étude de la philosophie de la Connaissance, d'une nouvelle forme de pensée qui prétendait que les choses avaient un secret. En terre de langue d'oc, dans ce foisonnement de savoirs, au carrefour de courants de pensée puisée aux sources antiques grecques et mésopotamiennes traduites en langue arabe, la Kabbale prenait forme.

En Espagne musulmane, les rabbins entreprirent d'étudier la philosophie grecque soucieux de démontrer à leurs coreligionnaires la rationalité de la Loi, la Torah, et de leur foi et qu'il était possible de concilier Foi et Raison. Ce fut une période d'une formidable effervescence qui a donné à la postérité trois grands philosophes juifs : au IXème siècle à Babylone le Gaon (excellence) *Saadia ben Joseph* ; au XIIème siècle *Jehuda Halevi* à Grenade, enfin à Cordoue *Moïse ben Maïmon* dit *Maïmonide*, contemporain d'Averroès, le savant arabe.

A la fois philosophe et médecin de renom, Maïmonide vécut à Cordoue, à Fes et au Caire. Amie de Maïmonide, la communauté juive de Lunel a joué un rôle de tout premier plan ; la célèbre dynastie des Tibbonides qui y trouva refuge au XIIème contribua, par ses traductions des sciences médicales et philosophiques de l'arabe en hébreu et en occitan, à la renommée de la *scola* de médecine de Montpellier en train de voir le jour. Toutefois l'étude de la philosophie grecque provoqua de grandes controverses, débats et remous au sein des communautés juives de Languedoc et de Catalogne. Maïmonide y fut sévèrement contesté, ses livres brûlés comme le Talmud sur l'ordre de Louis IX.

La Kabbale de Languedoc

Des le début du XIIème siècle en Languedoc, des maîtres du Talmud voulurent maîtriser une connaissance ésotérique : la Kabbale, enseignée en secret depuis des temps immémoriaux, qui vit le jour entre l'étude de la philosophie grecque et du Talmud. Le *Sefer Yetzira* ou livre de la Formation, écrit entre le Vème et le VIème siècles, fut connu très tôt en terre occitane sous sa forme orale et commenté dès la fin du IXème siècle. Pic de la Mirandole et Gilles de Viterbe liront sa traduction latine à la fin du XVème [55]. Ainsi, à l'éclairage de Gershom Sholem, nous remarquons que Languedoc et Provence furent le berceau de la Kabbale : *tout ce que nous savons des premiers kabbalistes et de leurs cercles provient du Languedoc. Dans les villes comme Lunel, Narbonne, Posquières et parfois aussi Marseille, Toulouse et Arles, nous rencontrons les premières personnalités kabbalistes connues (entre 1150 et 1220). Leurs disciples transmirent plus tard la tradition en Espagne où elle se développa dans des localités comme Burgos, Gérone et Tolède* [56].

(55) *Cahiers de Fanjeaux* n° 12 « Juifs et Judaïsme de Languedoc », Col. d'Histoire religieuse du Languedoc aux XIIIème et XIVème siècles

(56) Gershom Sholem, *Origins of the Kabbalah, Kabbalah in Provence y Gerona*, trad.en castellano.- Ed.Paidos Iberica Barcelona.

Lunel fut une cité phare, la plus célèbre du midi de la France en ces temps, avec Posquières sa voisine, centre talmudique et kabbaliste contemporain et Narbonne. La Kabbale y prenait forme et cohérence, devenant une doctrine au sens propre. Comme l'écrit Michaël Iancu, Lunel fut la dépositaire des *armes de la sagesse, de l'aristotélisme, de la Kabbale, des commentaires talmudiques et de la médecine, armoiries d'une petite et grande cité campée au bord de la Mare Nostrum, pour nous permettre d'irriguer les nobles valeurs que sont raison, tolérance et connaissance.* [57]

Photo Ribot-Vinas, dessin Régine Cerda ©

Les kabbalistes médiévaux affirmaient qu'ils détenaient des enseignements secrets. Ils étaient capables de pénétrer le secret des choses matérielles et parvenaient aussi dans leur quête du spirituel à percevoir l'essence du Divin caché. L'interprétation des textes sacrés leur permettait d'arriver à rendre visible l'Invisible. *Rabbi Abraham ben Isaac* de Narbonne, *Rabbi Asher Meshullam ben Jacob de Lunel* et son fils le « *naziréen* [58] », *Rabad de Posquières* et son fils *Isaac l'Aveugle* furent donc les grands initiateurs de la Kabbale avant *Moïse de Léon*. A cette époque furent écrits et commentés les éléments d'un traité où se trouvent exposés les thèmes essentiels de la réflexion mystique. Cet ouvrage est le *Sefer ha Bahir* ou Livre de la Clarté compilé entre Lunel et Posquières. Il témoigne de l'individualité et de l'originalité des maîtres languedociens.

De Lunel et de Posquières, le rayonnement de la Kabbale s'est étendu à Gérone avec laquelle ces deux cités entretenaient des liens très étroits. Elle fut popularisée au XIIIème siècle en Espagne grâce au manuscrit de *Moïse de Léon* et à son ouvrage fondamental le *Sefer ha-Zohar,* plus tard grâce à l'école d'*Isaac Louria*. Dans la présentation qu'il en a faite Gershom Sholem remarque que l'on ressent dans *le Zohar* l'écriture et la pensée d'un autre commentateur, soulignant l'importance de l'influence des écoles de langue d'oc.

---

(57) Citation de Michaël Iancu, Introduction à *De Lunel à Jéricho sur les chemins de la Mémoire.* Par Madeleine Ribot-Vinas, Ed. Sauramps Montpellier. www.madeleine-ribot-vinas.com
(58) Se dit de celui qui a fait vœu de naziréat.

Bon nombre de penseurs et d'historiens déclarent avec lui que *le Zohar* est l'œuvre majeure de la Kabbale. Comme la Bible, *il fut le réceptacle de la créativité d'un peuple, l'œuvre des siècles...il constitue la littérature kabbalistique telle qu'elle existait à l'époque de Moïse Ben Nahman (1195 — 1270) et de son groupe d'études, littérature en grande partie préservée et que nous connaissons bien aujourd'hui... C'est la Kabbale même ; traversant alors son âge d'or, elle constitue son foyer spirituel qu'il édifie pierre à pierre avec une vigueur saisissante et inattendue.* La Kabbale mystique a laissé à la postérité trois œuvres majeures : le *Sefer Yetzirah,* le *Sefer ha Bahir* et le *Sefer ha Zohar*

Une philosophie de la Sagesse

Aujourd'hui nos sociétés d'occident souffrent d'une perte de repères. Peu à peu, l'individu s'éloigne des valeurs spirituelles pour se fondre et se diluer dans le matériel. Comprendre l'esprit de la Kabbale demande tout d'abord de l'appréhender avec un cœur pur, c'est-à-dire débarrassé des bagages encombrants qui obstruent et bloquent le passage des idées créatrices, un cœur et un esprit (l'un contenant l'autre) ouverts au désir de la quête du sens, prêts à s'émerveiller. Le mot hébreu QaBâLâH signifie « tradition, transmission ». Il est issu du verbe QaBêl : recevoir, agréer, adopter, faire bon accueil, comprendre ou accueillir. La Kabbale est la réception de la Lumière venue de l'Infini et sa transmission dans les différents mondes. C'est également une philosophie de vie, un art de vivre, un enseignement de la Sagesse qui nous vient d'En Haut. Marc-Alain Ouaknin écrit que c'est une philosophie de la Sagesse qui permet à l'adepte de parvenir à la sagesse de l'Amour. La Kabbale est aussi un sentier vers la vérité cachée au cœur de chaque chose ; pour la trouver, elle propose à l'adepte de suivre les trente-deux voies de la sagesse.

Béréchit : dans le Commencement

Les commentateurs du Livre de la Formation ont abordé une autre approche du mysticisme. La première forme de la mystique de la Kabbale est celle du *Maassé Béréchit* : l'œuvre du commencement. Une des grandes préoccupations des grands sages a été de comprendre l'origine du monde. Nombre de spéculations ont été écrites sur le mot *Béréchit,* premier mot de la Genèse qui signifie en hébreu : *dans le Commencement.* Les maîtres de la Kabbale voulaient répondre à certaines questions fondamentales à leurs yeux : comment le monde a-t-il été créé ? Qu'est-ce que le temps et qu'y avait-il avant le temps ? Pourrait-il exister des interactions entre les forces d'en-haut et les mondes d'en-bas et comment ?

Ils ont imaginé que pour permettre la création de l'univers, un retrait s'était créé dans l'Infini y laissant un espace, le vide originel. C'est la théorie du retrait appelée *Tsimtsoum.* La lumière de l'Infini y reste maintenue à la surface par une force, un souffle, qui se nomme en hébreu *Chaddaï.* Mais une autre grande question préoccupait encore les sages : s'il y a eu dans l'Infini un retrait laissant de la place à un espace vide permettant la création du monde, comment ce vide peut-il se maintenir ? Et comment l'Infini ne le remplit-t-il pas à nouveau ? *Issac Louria* le grand maître de la Kabbale de Safed a imaginé au XVIème siècle qu'une force, une voix venue de nulle part interdirait à l'Infini de réinvestir dans ce vide qu'Il a lui-même créé. Cette force est *Chaddaï*, c'est aussi l'un des dix noms divins, celui de Dieu retiré en lui-même pour permettre la création. C'est aussi le souffle, la force qui met de l'ordre dans l'univers et maintient la création en équilibre au centre du retrait. *Elohim* est le Dieu qui met de l'ordre dans le chaos. *Chaddaï* est la force qui maintient le monde en équilibre au centre du vide originel.

Les maîtres kabbalistes ont imaginé que Dieu avait organisé l'immensité de l'univers à partir du chaos originel en le compartimentant en quatre mondes principaux suivant un système hiérarchique, à partir de la lumière de l'Infini et se dirigeant vers les mondes d'en bas. Les quatre mondes de la Kabbale sont : le **monde de l'Emanation** : le plus élevé, dans lequel le mystique peut avoir une expérience directe avec l'infini ; **le monde de la création** : celui des purs esprits, seuls capables d'appréhender l'essence cachée des choses ; **le monde de la formation** : celui des sentiments, des inclinations ; **le monde de l'action**, monde des idées et de la connaissance dans lequel nous vivons, avec une dimension matérielle et une dimension spirituelle. Les maîtres kabbalistes ont imaginé des systèmes complexes de correspondances permettant la mise en relation les différents mondes hiérarchiques. Il existe dix médiations ou intermondes.

L'Arbre de Vie

L'image centrale de la Kabbale mystique est l'Arbre de Vie, présent à l'origine du monde au centre du jardin de l'Eden avec l'arbre de la Connaissance du Bien et du Mal. Les sages ont tenté de percevoir, de comprendre et de commenter quelles relations étaient possibles entre le Divin et les différents mondes présents dans l'Arbre de Vie. La représentation graphique de l'Arbre de Vie de la Kabbale a été commentée par les kabbalistes languedociens dans le *Sefer ha Bahir*. Présent au cœur de la Torah, l'Arbre de Vie ressemble à un arbre avec des racines, des branches et des feuilles. Il est source d'immortalité et le reflet de la splendeur de Dieu. Il se compose de dix sefirot qui sont des sphères, des étincelles divines. Chaque *séfira* est unie au Monde Divin ou Saphir, chacune d'entre elles est un rayon lumineux jailli de la lumière originelle, chacune permettant à l'activité divine descendante de se manifester. Jouant le rôle de médiatrices, les sefirot permettent en outre de remonter vers le Principe Divin et, au terme du voyage mystique, d'appréhender l'inappréhensible essence divine.

Les dix séfirot de l'Arbre de Vie ont chacune un nom et une qualité : 1 Keter (Couronne) ; 2 Chokmah (Sagesse) ; 3 Binah (intelligence) ; 4 Hessed (Miséricorde) ; 5 Din ou Gevurah (jugement ou puissance) ; 6 Tiferet (Beauté) ; 7 Netzach (Permanence) : 8 Hod (Gloire) ; 9 Yessod (Fondation) ; 10 Malkhut (Royaume). Dans chacun des quatre mondes principaux, les dix séfirot sont unies et mises en correspondances par des chemins ou sentiers de Sagesse. Au commencement du *Sefer Yetzirah*, les commentateurs ont expliqué que Dieu a créé l'univers avec 32 voies de la Sagesse : elles englobent les 22 lettres de l'alphabet hébraïque et les dix sefirot qui elles, les dynamisent et les mettent en relation.

L'Arbre de Vie est aussi source de vie, laquelle, partant de la Couronne (Keter) forme les rameaux à partir desquels toute l'énergie divine émane vers la base, suivant le pilier central ou voie du milieu ou tronc de la Connaissance, de la Beauté, de la Fondation, allant jusqu'aux racines contenues dans le Royaume (Malkhout). Les séfirot sont la représentation symbolique des ponts ou passerelles qui permettent de relier deux rives séparées par un abîme : sur une rive se trouverait l'inconnu, l'inaccessible et l'indicible : l'En Sof.

Sur l'autre rive, il y aurait le cosmos dont notre propre univers n'est qu'une partie infime et minuscule. Les séfirot sont ces fils ou liens qui permettent à l'adepte de passer d'un monde à l'autre, d'un gouffre à l'autre au terme d'un voyage mystique. Les maîtres kabbalistes ont décrit avec beaucoup de détails et d'images les réseaux complexes de relations qui existent entre ces fils subtils et l'ensemble des mondes. L'Arbre de Vie est semblable aux trois piliers ou colonnes sur lesquelles reposent un temple ; les colonnes de droite ou de gauche représentant une suite de qualités qui s'opposent et doivent parvenir à un équilibre dynamique : celle de droite (Sagesse-Grâce-Victoire), celle de gauche (Intelligence-Force, Gloire), celle du milieu (Couronne — Beauté — Fondement). La colonne du milieu est l'équilibre axial, la voie centrale, la Voie Céleste. L'Arbre de Vie forme une échelle mystique, représentation symbolique des marches ou degrés qui permettent aux différents mondes de communiquer entre eux. Il est la structure centrale de la quête mystique qui permet d'atteindre le Tout et l'Absolu.

Les sept palais, les sept firmaments, le Char céleste

Les mystiques kabbalistes de la *Merkavah* (l'œuvre du Char) ont tenté des expériences directes avec le Divin présent dans les mondes supérieurs. Elles furent à l'origine de la « littérature des palais » dans laquelle les maîtres décrivent un monde qui se transcende au travers de sept palais ou chambres vers le monde le plus élevé : celui des sept firmaments. Une multitude d'anges en gardent les portes et des fleuves de feu jaillissent du Char céleste au sommet duquel se tient Dieu dans une lumière indicible et fulgurante. Les mystiques médiévaux — *Isaac l'Aveugle de Posquières,* le *naziréen de Lunel* — ont tenté des voyages : des montées de l'âme de degré en degré, dans le but de parvenir à une expérience directe avec la Présence Divine, au terme d'un voyage mystique progressant d'un palais à l'autre, d'un firmament à l'autre. Marc-Alain Ouaknin écrit que de cette pratique serait issue l'expression : « .. se trouver au septième ciel ». Pour pénétrer dans ces sept palais il fallait connaître les clés qui en ouvraient les portes. Ces voyages mystiques avaient pour but ultime l'exploration du Divin et la vision du Char céleste, vision décrite par Ezéchiel dans le Livre des Prophètes. Elles ont permis les visions prophétiques rapportées dans la Bible. Cependant, ces expériences étaient dangereuses et par conséquent restaient enveloppées de mystère, cachées à tous sauf aux seuls initiés. D'autant qu'au XIIIème siècle, à partir de la croisade levée contre les Albigeois, la terre de langue d'oc vit l'installation de tribunaux ecclésiastiques dont la mission était de pourchasser l'hérésie cathare et sous toutes ses formes, afin d'imposer la prédominance de la religion catholique. Grand était le risque d'être soumis à la « question [59] » (torture). Sur une terre de tolérance, on vivait désormais dans la crainte d'être dénoncé, entre membres d'une même famille, entre voisins ou amis.

---

(59) Torture. En Espagne sous le règne des rois catholiques Fernand et Isabel, la « question » sera appelée Inquisition et officialisée.
(60) Evangile de Jean I,1.

Pour être admis dans les cercles des mystiques de la Merkava, il était indispensable que l'adepte ait passé avec succès les épreuves éliminatoires qui comprenaient un examen, jugeant de la profondeur et de la qualité de ses connaissances théoriques sur la doctrine sans oublier ses qualités hautement morales. Ainsi pour devenir un *mékoubal* — c'est-à-dire un adepte, celui qui est reçu dans un cercle d'initiés — la forme et la direction des rides du visage, des mains et des pieds, des lignes de la main, permettaient aux maîtres de déceler les signes de la bonne aptitude de l'adepte. Après avoir rempli toutes ces conditions, il était enfin accepté dans un cercle d'initiés pour tenter avec eux des expériences mystiques. Il était indispensable de se soumettre à un jeune long — entre quarante et quatre-vingt-dix jours — au terme duquel l'adepte se trouvait dans un état d'extrême fatigue autant physique que psychologique. Assis par terre genoux repliés en position presque fœtale, il commençait à réciter à voix basse des chants sacrés, psaumes, hymnes, noms divins, etc... Cette rigoureuse et ascétique préparation lui permettait d'atteindre un état extatique pour entreprendre la montée mystique au cours de laquelle l'âme pouvait sortir du corps et parvenir dans les mondes supérieurs jusqu'au sommet suprême où il pouvait enfin apercevoir le Char céleste.

Les lettres de l'alphabet

Pour pénétrer dans le monde de la Kabbale, il faut avant tout connaître la valeur des lettres hébraïques. La tradition ésotérique de la Kabbale enseigne que la connaissance des valeurs numériques des lettres permet de pénétrer les secrets de l'alphabet hébraïque et, par voie de conséquence, le mystère du secret de l'univers. En hébreu tout est sens, éclairage, chemin de Sagesse. La Kabbale cherche à percer le secret de l'origine du monde au travers de celui des lettres de l'univers ; leur connaissance intime permet de comprendre l'Essence Divine de l'univers sensible. Elle enseigne que quand tout n'était encore que chaos, chaque lettre s'est présentée à Dieu afin qu'Il l'emploie pour organiser la création. Le Maître de l'univers a attribué à chacune d'entre elles une partie de la Connaissance. Ainsi chaque lettre de l'alphabet hébraïque est un réceptacle de la puissance Divine. Chacune porte en elle une énergie transcendante, lien par lequel l'humanité peut se transcender dans un autre monde.

Au Xème siècle, dans le *Sefer Hakmoni*, l'un des plus anciens commentaires du *Sefer Yetzira*, Sabbataï Donnolo écrivait ce commentaire : ...*Durant les 2000 ans qui ont précédé à la création du monde, le Saint, Béni Soit-Il, s'est diverti avec la science des lettres. Il les assemblait, les tournait en une seule phrase, les retournait toutes d'avant en arrière ; il en faisait des phrases entières, des demi phrases, des tiers de phrases. Et ces phrases il les renversait, les liait, les séparait, les modifiait aussi bien dans leurs lettres que dans leurs ponctuation vocalique. Il en comptait le nombre jusqu'au bout. Telles étaient les occupations du Saint, Béni Soit-il, quand il a décidé de créer le monde avec sa parole et avec l'expression de (S)on Nom grand et terrible.* La création de l'univers s'est donc faite avec les lettres de l'alphabet hébraïque et le *Sefer Yetsirah* enseigne que *l'écriture inclut le calcul et le calcul inclut le discours...* Au début de l'ère Chrétienne, Jean avait écrit : ...*Au commencement était le Verbe...et le Verbe était Dieu* [60]...

---

(60) Evangile de Jean I,1.

Le Maître de l'univers a donc attribué à chaque lettre l'un des fondements de la Connaissance du Divin. En hébreu, les lettres font aussi office de nombres, par conséquent il n'a pas été nécessaire d'inventer les chiffres. Le *Zohar* enseigne que : *le secret est le fondement.* Selon Marc-Alain Ouaknin, la Kabbale est *la sagesse de ce qui est caché.* Au premier siècle de notre ère, les rabbins de Césarée Maritime ont écrit : *les Ecritures Sacrées ressemblent à une grande maison avec beaucoup, beaucoup de pièces ; devant chaque pièce se trouve une clé, mais ce n'est pas la bonne. Les clés de toutes les pièces ont été changées et il faut (tâche à la fois grande et difficile) trouver les bonnes clés qui ouvriront les pièces...Le rabbi (le maître) possède encore la révélation, mais il sait bien qu'il n'a plus la bonne clé, et il est à sa recherche.* Sefira est l'un des mots clés de la Kabbale. Il signifie nombre.

Sous l'Antiquité, les Pythagoriciens avaient imaginé eux aussi un système philosophique qui voyait dans les nombres les éléments fondamentaux de tout ce qui est. En se combinant, ces différents éléments pouvaient produire toutes les formes possibles. S'inspirant de cet enseignement, les maîtres kabbalistes médiévaux l'ont enrichi de significations théosophiques ou mystiques. Ils prétendaient que le texte de la Torah est l'Ecriture Révélée d'une manière symbolique, c'est-à-dire codée. Pénétrer au centre du texte de la Torah permet à l'adepte de percevoir, de comprendre et de parvenir dans des mondes supérieurs au notre. Il n'était pas concevable d'arriver à percevoir la Vérité sans la Révélation qui lui apporterait l'élément primordial, le chaînon manquant au cheminement intérieur.

Epilogue

Pour résumer ces pages, nous dirons que la Kabbale est une tradition, une théosophie qui cherche à percer la nature même du Divin aussi bien dans la connaissance de l'homme que dans celle de la nature, et à atteindre le sens caché au cœur de chaque chose. La quête mystique du Kabbaliste est donc de parvenir à pénétrer au cœur du secret mystère des choses visibles et cachées au centre du texte de la Torah, cœur du symbole central de l'Arbre de vie. Pour parvenir à la vision extatique, au Tout et à l'Absolu, les mystiques kabbalistes combinaient différentes méthodes de méditation : la manipulation des chiffres et des lettres de l'alphabet hébraïque, la prière, l'incantation, la combinatoire des lettres du tétragramme, la visualisation des couleurs et le pleurement. Au cours de leur voyage ils devaient trouver les clefs leur donnant accès aux sept palais et aux sept firmaments. Au terme de ce parcours, après en avoir vaincu tous les dangers, ils parvenaient enfin à percevoir la lumière fulgurante du Char.

La mystique de la Kabbale est donc fondée sur la méditation de la Torah et des Psaumes, la prière, l'ascèse, le désert de l'intériorisation et l'extase. Elle a eu une grande influence dans le monde judaïque et inspira des auteurs et des mystiques chrétiens : Raymond Lulle, Pic de la Mirandole, Reuchlin, Paracelse, Tomas d'Aquin, Jean de la Croix et Thérèse d'Avila. Elle a toujours été un enseignement secret qui tend à atteindre les mondes spirituels allant au-delà du visible, à l'essence même de notre existence, sans pour autant se détourner du monde dans lequel nous vivons. Son but est de conduire l'homme vers sa finalité, de lui permettre de progresser vers la perfection pour appréhender l'essence même du Divin. Alors, l'initié acquiert la maîtrise de sa vie. Comprenant que le matériel ne rend pas l'homme heureux, transcendant les limites du temps et de l'espace l'adepte atteint le sens profond de son existence et parvient à la sérénité, à la joie sans fin et sans limites.

Quête de l'Indicible, de la Connaissance du surhumain, s'abîmant dans le néant de « *la nuit obscure* », qu'il faut traverser pour atteindre le Tout Absolu, les mystiques de langue d'oc ont jadis partagé un même idéal. La croisade contre les Albigeois mit un point final à cet âge d'or de la terre occitane, une civilisation y fut anéantie. Les Parfaits ou Cathares furent entièrement massacrés ainsi que les Chrétiens qui les protégeaient : un million de morts sur la terre des troubadours. Il fut interdit aux Juifs de vivre au côté des Chrétiens, mais parqués dans des quartiers juifs, les premiers ghettos qui préfiguraient celui de Venise et plus tard celui de Varsovie ; désormais, les seuls métiers qui leur étaient autorisés furent ceux de l'usure, du prêt et de la friperie ; ils furent bannis du royaume de France en 1306 par le roi Philippe le Bel, leurs biens saisis au profit de la couronne ; l'année suivante, il faisait un procès aux Templiers. La Kabbale alors trouva refuge en Espagne, en Provence, en Italie. Puis à Safed en Terre sainte après l'expulsion des Juifs d'Espagne (1492). Suivant les routes de l'errance, de grandes écoles fleuriront en Europe de l'Est. Aujourd'hui encore sa popularité est grande. Elle est enseignée en Israël et dans le monde entier. Toutefois, sa période mystique et secrète la plus brillante a scintillé entre le Languedoc et l'Espagne. Citant le Zohar, Roland Goetschel nous a laissé ce commentaire : *Le Zohar, qui est de loin l'ouvrage le plus important de la Kabbale est un livre silencieux et jusqu'à un certain point inaccessible ainsi qu'il sied à une œuvre de grande sagesse...* Nous terminerons ce regard sur la Kabbale secrète de langue d'oc en rappelant au lecteur que sagesse et transcendance sont les voies et les seules qui conduisent l'humain sur le chemin de la paix intérieure.

Robert AMBELAIN

(1907-1997)

L'occultiste et le défenseur
de la Tradition

Subodi ©

Serait-il incongru de dire et d'affirmer, voire de clamer haut et fort, que Robert Ambelain fut toute sa vie durant un occultiste et un ardent défenseur de la Haute Tradition ? Au regard et au lu de ses nombreuses œuvres écrites sur l'occultisme, la magie cérémoniale et l'astrologie des anciens, il serait bien malaisé de ne pas y souscrire. D'ailleurs, tous ceux ou celles qui l'ont approché, de loin ou de près, confirmeront son penchant très prononcé pour l'occultisme, là où il excellait, pour le meilleur et parfois, hélas, le pire.

Serge Caillet, historien de l'ésotérisme, avait tout naturellement relevé ce trait et brossé un rapide portrait en forme d'hommage [61], précisément dans la postface d'un ouvrage qui fut réédité quarante ans plus tard, *Le Dragon d'or, Rites et aspects occultes de la recherche des trésors* (1997) [62]. Il écrivait notamment : « qu'il avait refleuri l'occultisme dans le sillage immédiat des mages de la Belle Epoque, dont il avait recueilli l'héritage, des maîtres de l'illuminisme du siècle des Lumières, et même des grands ancêtres de la race d'Agrippa et d'Abramelin le mage ».

Dans son monumental ouvrage et titré *Traité d'astrologie ésotérique*, paru en trois volumes (1937-1942), Robert Ambelain se présentait dans le troisième tome de son traité [63] et par le biais de son thème natal comme tel :

« Occultiste (commence ces études vers sa quinzième année). Nombreux écrits (astrologie, magie, alchimie, ésotérisme). Lune en IX maison, conjonction Neptune, dans le Cancer, opposée à Mars (exalté) et à Uranus, en III maison (les écrits). Soleil en X maison, en Vierge, conjonction Mercure exalté, Vénus en chute. Ce satellium est trigone de Mars + Uranus en III (les écrits)... »

Rajoutons sans nous étendre que dans le court descriptif ci-dessus, le seigneur de la maison I, Mars, est exalté dans la maison III (les écrits). Signalons également que le N.N (non tracé sur la carte ci-dessous) est dans le Cancer (le passé ou la Tradition) à 22 degré [64].

---

(61) Le départ inattendu de Robert Ambelain pour « l'Orient éternel » à conduit Serge Caillet à transformer son texte liminaire en un hommage. Voir Robert Ambelain, *Le Dragon d'Or, Rites et aspects occultes de la recherche des trésors*, pp. 227-237, Dervy, Paris, 1997.

(62) La première parution date de 1958, aux Editions Niclaus.

(63) Voir Robert Ambelain in *Traité d'astrologie ésotérique*, Tome III, *L'Astrologie Lunaire*, p. 174, Editions Niclaus, Paris, 1942.

(64) Ce degré est particulièrement parlant dans sa symbolique et image fort à propos le personnage qu'était Robert Ambelain de son vivant. Voir par exemple l'ouvrage de Janduz intitulé *Les 360 Degrés du Zodiaque Symbolisés par l'Image et par la Cabbale*, Editions Bussière, Paris, 1990.

TRAITÉ D'ASTROLOGIE ÉSOTÉRIQUE

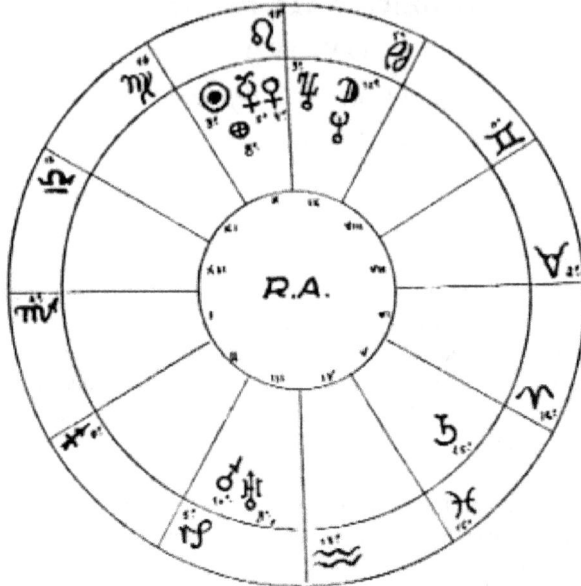

Nativité du 2 septembre 1907, 10 h. 20 du matin, à Paris — Occultiste

Nativité de Robert Ambelain — carte du ciel.

Bien entendu, une grande biographie sur ce personnage assez caractériel mais hors pair reste à écrire. Elle verra le jour ! Nous en sommes franchement et fermement convaincus !

Pour l'heure, nous vous proposons une petite excursion sur l'année 1938, avant que Robert Ambelain ne fréquente l'année suivante les ordres initiatiques ; nous faisons allusion bien entendu aux martinistes parisiens du groupe Constant Chevillon, sans omettre la franc-maçonnerie égyptienne, sous les hospices du rite de Memphis-Mïsraim, qui devait par la suite le conduire en 1965 à la Grande Maîtrise Générale.

L'intérêt de cette année mentionnée ci-dessus concerne donc son activité littéraire. On pourrait penser à bon droit à son traité d'« Astrologie ésotérique » qui allait faire date ensuite et qui, par ailleurs, fut chroniqué et dans des termes fort élogieux par un connaisseur en la matière, Francis Rolt-Weeler, fondateur d'une fameuse revue eintitulée *Astrosophie*. En fait, il s'agit plus particulièrement d'une série d'articles que Robert Ambelain consacra dans une revue éphémère et très peu connue des ésotéristes (voire même des historiens) : *Les Etudes Mystérieuses*. Cette revue mensuelle, dirigée à Paris par un certain M. Montcharmont, et qui avait vu le jour en janvier 1936, s'était spécialisée sur l'occultisme et les sciences divinatoires. Anne Osmont, Valentin Bresle, Poinsot, P. C. Jagot , Pierre Geyraud, T. Harmonius alias Henri Meslin de Campigny [65], pour ne citer qu'eux, y collaborèrent.

Hélas, cette revue disparut définitivement en 1939, suite aux évènements tragiques que générait l'arrivée de la deuxième guerre mondiale.

Afin de sauvegarder ces textes peu connus de Robert Ambelain, nous pensons utile d'en retranscrire fidèlement le contenu, ne saurait-ce que pour apprécier à sa juste valeur sa façon de voir et de pratiquer l'occultisme qu'il ne séparait du reste jamais de l'Astrologie « des Anciens ».

---

(65) Henri Meslin de Campigny (1896-1949) était un théosophe qui tenait en très haute estime madame Blavatsky. Il dirigea à partir de 1946 (trois avant son décès) la revue théosophique *Le Lotus Bleu*. Il fut par ailleurs évêque gnostique (filiation spirite de Doinel) sous le nomen patriarcal de « Tau Harmonius » et initia en 1943 Robert Ambelain. Cf. *Rennes-le-Château L'occultisme et les Sociétés secrètes* de Dominique Dubois et Serge Caillet, *op. cit.* in *Le Dragon d'Or*.

Les Charmes et les Enchantements

Robert Amblain ©

Nous commençons dans la présente revue une série d'études sur la Magie Cérémoniale Traditionnelle. Rassurons certains lecteurs ! Nous ne dévoilerons rien de ce qui doit resté voilé. Mais fidèle à l'enseignement des Anciens Maîtres, nous nous efforcerons de traduire en langage facilement intelligible, certains passages plus obscurs, ou au contraire, de leur restituer le sens que ceux-ci y attachaient, et que les commentateurs de bonne foi, mais visiblement empreints d'un modernisme intempestif, avaient par cela même déformé.

R . A.

Henri Cornélius Agrippa, dans les œuvres duquel tous les occultistes modernes ont puisé à qui mieux, nous transmet (chapitre XLIX du second livre de *la Philosophie Occulte*, « La magie Céleste »), les données suivantes :

« Des images dont la figure n'est pas faite à la ressemblance de quelques figures célestes, mais bien à la ressemblance de ce que souhaite l'Opérateur selon son Intention. »

« Il y a encore une autre espèce et manière d'image, qu'on fait, qui n'est pas semblable aux figures célestes, mais qui est à la ressemblance de ce que l'opérateur veut, selon son intention, dont elles sont les effigies et les traces ; de manière que faisons pour l'Amour des figures qui s'embrassent, pour la Discorde des figures qui se battent. Pour porter dommage, destruction, empêchement à l'homme, à une maison, à une ville ou à quelque autre chose, nous faisons des images tortues, rompues par leurs membres et leurs parties, à la ressemblance et figure de la chose que nous voulons détruire ou empêcher.

« Et les magiciens ordonnent, en fondant ou gravant les images, d'écrire dessus le nom de leur effet, et cela sur le dos quand il est mauvais, telle qu'est la destruction ; et sur le ventre quand il est bon, tel que l'Amour. De mettre en plus, sur le front de l'Image, le nom de l'espèce, ou de l'individu que l'image désigne, ou pour lequel, ou contre lequel, elle est faite, et encore dans la poitrine, mettre le nom du signe ou de la fasce de l'Ascendant et de son dominant et pareillement, mettre les caractères, et les Noms de ses Anges.

« Ils veulent de plus, qu'en fabriquant l'Image, on n'oublie pas l'imprécation de l'effet pour lequel est faite. Toutes lesquelles précautions sont aussi marquées par Albert le Grand dans son miroir.

« Mais quand ils font ces sortes d'images, ils s'en servent diversement, selon leurs différentes vertus, car quelquefois ils les pendent ou attachent au corps ; quelquefois ils les mettent sous terre, ou sous le courant d'une rivière ; quelquefois ils les pendent à la cheminée sur la fumée, ou à un arbre, à dessein de leur donner du mouvement par le souffle du vent ; quelquefois la tête en haut, quelquefois la tête en bas ; d'autres fois ils les jettent dans l'eau bouillante ou dans le feu. Car ils disent que telle passion que les opérateurs donnent à leurs images, telles sont aussi les passions qu'elle causent dans ceux pour lesquels elles sont faites et marquées, selon ce que l'esprit de l'opérateur aura dicté ; comme nous lisons que Nectanabus, le magicien, fit des images de cire d'une manière et d'un artifice tels que lorsqu'il plongeait lui-même ces images en l'eau, les vaisseaux de ses ennemis enfonçaient pareillement dans la mer, et périclitaient. La partie de l'Astrologie qui traite des Elections enseigne à connaître les constellations qu'il faut observer pour faire ces images et autres semblables ».

Ces données magiques, si étranges paraissent-elles, sont une des plus magistrales applications de l'enseignement occulte :

« Ce qui est en Haut est comme qui est en bas » a dit le Trismégiste, c'est là la Loi des Correspondances qui, à notre avis, est plus près *astrologiquement* de la Vérité que celle de l'influence directe des astres. Elle dérive en mode direct du principe des pentacles.

On peut répartir les différents modes d'emploi de ces données en groupes bien distincts, qui sont, selon leur rang, utilisables par le magiste, selon son propre degré de connaissance et aussi d'évolution :

Les images composées pour un résultat donné, matérialisation graphique d'une volition opérative. Jointes à un certain rituel, nécessaire malgré tout, elles sont à la portée des débutants en possession d'une bonne dose de théorie, mais de peu de pratique ;

Les images en rapport avec les seize Figures Géomantiques. Plus obscures, elles nécessitent déjà un peu plus de science et de pratique ;

Les images des 28 daïmons lunaires, celles des 36 génies décadaires. Elles aussi situent déjà la connaissance de leur emploi à une belle attitude ;

Les images utilisant les Carrés Magiques et les Sceaux Planétaires. Là, ce n'est plus à la portée de n'importe qui ! Les résultats sont certes en rapport avec l'Agent auquel l'Adepte a eu recours, mais la réussite ne s'obtient pas aussi facilement que pour la série a.

Aujourd'hui, nous nous bornerons à établir certaines règles bien définies, dont l'opérateur ne pourra et ne devra pas s'écarter, tant pour lui-même que pour l'opération elle-même ou les ingrédients qui y participent, puis nous étudierons les images composées dont il est question dans le chapitre d'Agrippa figurant en tête de notre article.

On ne peut, et ceci est peut-être la recommandation la plus importante de tout ce qui suit, établir un charme, avant d'avoir mûrement réfléchi à ses conséquences, tant morales que physiques, tant sur autrui que sur soi-même. Le magiste digne de ce

nom n'est en aucun cas un touche-à-tout, s'amusant, par curiosité ou sottise igno-
rante, à bouleverser ou dérégler l'harmonie merveilleuse qui préside depuis l'aube
des temps, à la genèse des êtres et des choses, à leur épanouissement, à leur fin.
« L'homme s'agite et Dieu le mène » dit l'Ecriture. L'Adepte saura, instinctivement,
se faire l'auxiliaire naturel et droit du Démiurge.

Sa décision prise, il devra la mener, sûrement et courageusement, vers sa réalisation
logique.

Ces dissertations philosophiques peuvent paraître déplacées dans un article traitant
de Magie pratique, mais nous estimons, quant à nous, qu'elles étaient indispensables
pour camper le climat sous lequel opère l'Occultiste digne de ce nom.

Tout d'abord, quelles substances prendre comme support, comme matière première ? Uniquement celles que la Nature nous donne, sans chercher aucune compli-
cation inutile, mais en exigeant de ces matières la pureté originelle.

Les métaux, dans le règne minéral, les parchemins, dans le règne animal, remplissent parfaitement ce rôle. Nous y reviendrons tout à l'heure. Une matière, plus que
les autres, est le support favori du magiste, c'est la cire vierge. La cire vierge est la
résultante naturelle des trois aspects de la matière. L'abeille (animal) a puisé dans la
fleur végétale ce que la fleur elle-même puisait dans la terre (minéral). C'est une des
raisons pour laquelle les luminaires d'un autel magique doivent être de cire vierge
et non de stéarine, issue des graisses animales.

Les parchemins vierges, le seront en ce sens qu'ils ne devront avoir supporté aucune
écriture, tache, inscription quelconque. On aura intérêt à les prendre le plus blanc
possible, et même si on le peut, à avoir des peaux d'animaux en rapport planétaire
avec la nature de l'opération.

Les métaux, de même, devront être vierges, c'est-à-dire nouvellement fondus et la-
minés. Quelle forme donner au support ? Celles que la Nature nous offre sont, pour
les plus simples :

Le cercle
Le triangle
Le carré

(Matérialisation graphique des trois premiers Nombres)
Et dans le monde des volumes :

La sphère
La pyramide
Le cube.

Le cercle ne sert pour ainsi dire jamais dans la confection d'un charme. Très souvent dans celle d'un talisman. Le cercle isole. C'est un axiome bien connu en Magie que pour s'abriter, se mettre à l'abri des influences attirées, l'opérateur se place au centre d'un cercle. Il s'y enferme littéralement.

Par contre le carré n'est que l'expression géométrique d'une Croix de Saint André, signe d'affirmation, centre de rayonnement. Alors que le cercle enferme, le carré émet. Dans un talisman ayant pour but de condenser une force planétaire déficiente, on emploiera le cercle. Dans un talisman ayant pour but de faire rayonner la même force, on emploiera le carré.

Les images auxquelles fait allusion Cornélius Agrippa ont pour but de faire rayonner jusqu'à la réalisation complète la volonté de l'opérateur, matérialisée sous cette forme. Le carré s'impose donc.

On notera du reste qu'un grand nombre d'amulettes orientales et surtout arabes (nos initiateurs sur bien des points en magie) affectent cette forme.

Reste maintenant le choix du graphisme adopté. Là, le choix est grand.

L'opérateur devra adopter un symbolisme le plus clair possible. Symbolisme écartant par son tracé toute déviation maléfique ou contraire à l'intention primitive ayant présidé à son élaboration.

Au jour planétaire en rapport avec la nature de la demande (dimanche : les œuvres de succès, d'honneurs, etc... ; lundi : les voyages, le mariage pour un homme, les changements désirés ; mardi : les œuvres de force, d'activité, de luttes ; mercredi : les sciences, le commerce, etc... ; jeudi : la prépondérance, l'accroissement financier ; vendredi : l'amour, la fécondité, l'initiation ; samedi : la religion, le perfectionnement moral, etc...), on réunira les ingrédients. A l'heure planétaire équivalente ou en harmonie avec le génie planétaire dominateur du jour, l'opération proprement dite aura lieu. Nous disons en harmonie, en effet, on peut allier deux forces planétaires amies pour une même œuvre. Nous nous souvenons avoir établi, vers 1931, un charme d'amour, un vendredi à l'heure du Soleil. Nous alliions ainsi la tonalité vénusienne du jour à la tonalité solaire de l'heure. Si nous avions voulu créer un dynamisme contraire, nous aurions pu allier Saturne et Vénus.

L'opérateur aura intérêt à se conformer aux règles traditionnelles de la Magie cérémoniale : l'autel dressé et orienté de façon rituelle (l'autel magique que donne Papus dans son traité de Magie pratique est faux), les parfums planétaires faciliteront une extériorisation momentanée du magiste, la baguette, l'épée, lui apporteront le concours de leur action personnelle dans la consécration de l'image, opération finale absolument indispensable. Enfin, la lampe magique, avec son écran de verre coloré selon l'heure planétaire, complètera le dit rituel.

Dans les prochains articles, nous donnerons les figures et images des catégories suivantes, c'est-à-dire d'un tracé et d'une fabrication codifiée magiquement (moments astrologiques spéciaux). Mais pour terminer ce premier article, nous déclarons qu'un support idéal est aisément confectionnable (sic) : c'est de *couler soi-même*, peu avant l'opération, une plaque de cire vierge de forme carrée. L'image est ensuite tracée dessus à l'aide d'un poinçon de cuivre consacré rituellement. Pour les plaques de cire vierge de forme circulaire, c'est-à-dire telles qu'elles sont vendues dans le commerce, il faut, de même, *les recouler de nouveau*. La fonte de la cire est en effet une opération indispensable pour la bonne réussite du charme. Ce n'est ni plus ni moins qu'une régénération de la matière utilisée, effectuée à un moment planétaire donné dans une intention bien précisée.

Or, pour réaliser une œuvre sur le Plan physique, il faut d'abord en former l'image dans le Plan astral. C'est là, la base toute magie opérative. La réalisation sur le Plan physique s'effectuera tout naturellement par l'aide des élémentals ou esprits des éléments, créature sur lesquelles nous reviendrons prochainement. C'est pour leur confier cette réalisation que le magicien dépose son charme soit en terre (gnomes) soit dans l'eau (ondins), soit les projette en astral à l'aide du feu (salamandres), soit enfin les offre aux sylphes en les suspendant aux arbres de la forêt voisine. Quelque soit la catégorie choisie, rappelons qu'elle doit être en rapport avec le but proposé (la terre : les biens matériels ; l'eau : l'amour et les sentiments ; l'air les choses plus spirituelles, le commerce, la connaissance ; le feu : la spiritualité) et que le lieu doit *être magiquement propre et pur. Condition rigoureusement indispensable, comme du reste tout le rituel.*

LA DUCHESSE DE POMAR ET L'ORDRE DE L'ÉTOILE

D'après Jules Doinel (1842-1902)
alias Jean Kostka

On a tant dit et écrit sur Jules-Stanislas Doinel, narré maintes fois ses déboires maçonniques, relaté à l'envi ses étranges visions et surtout sa singulière « possession »
(l'esprit de Guilhabert de Castres, ancien évêque de Montségur) qui lui enjoignait,
lors d'une séance spirite tenue chez la duchesse de Pomar (1830-1895), de procéder
à la résurgence de l'église gnostique sous le nomem mysticum de Valentin II. Sans
omettre les comportements ambigus de Doinel, si mémorables dans les annales de
l'occultisme contemporain, imputables, comme nous le savons, à ses crises mystiques qui oscillaient un coup vers l'Eglise romaine puis vers l'Eglise gnostique.
D'ailleurs et à ce propos, les divers auteurs qui se sont penchés un tant soit peu sur
la personnalité de Doinel durant ces dernières décennies réitéraient dans leur écrit la
sempiternelle question : Jules Doinel était-il mort Catholique ou Gnostique ?

Quoiqu'il en soit, tout en étant au moins assuré sur le plan historique que Jules Doinel
fut toute sa vie durant une âme inquiète et en perpétuelle quête spirituelle, on attend toujours son premier et courageux biographe. Il n'existe en effet aujourd'hui que quelques
articles dans diverses revues ésotériques ou de succinctes explorations bio-bibliogra-
phiques dans les livres de certains historiens de l'ésotérisme et qui, hélas, relèvent la
plupart du temps du *compendium*. Au vrai, la référence la plus sérieuse et la plus étayée
sur la vie de Jules Doinel est à l'actif de Robert Amadou (1924-2006), érudit personnage qu'on ne présente plus et qui durant toute l'année 1982 nous brossa une succession
d'articles dans la célèbre revue mensuelle *L'Autre Monde*.

Mais pour l'heure et dans le cadre de notre thématique, il ne serait pas superflu de relater
une période précise de sa vie, celle qui nous amène précisément dans un univers bien
étrange que fut « l'Ordre de l'Étoile » de la duchesse de Pomar. Au mieux et en guise de
documents, reproduisons tout simplement le témoignage oculaire du concerné : en l'occurrence celui de Jules Doinel qu'il rendit en 1899 dans la revue du *Monde Invisible* de Mgr
Elie Meric (1838-1905). C'était, faut-il le souligner, quelques mois avant sa mutation à
Carcassonne, dans le département de l'Aude, lieu privilégié naguère des « parfaits ».

D. D.

Chez la Duchesse

Voir les choses sous l'objectif de la conversion et les voir sous celui de l'occulte, voilà deux états d'âme bien différents. Les reliefs s'accusent et les formes s'accentuent. La mystique seule peut interpréter cette muabilité de l'âme, l'âme substance simple, ne varie pas. Ses états changent. Je prie que l'on m'excuse, si quelque souvenir trop intime se mêle à mes jugements. La grâce ne détruit pas la nature. Elle la corrige. Qu'on veuille bien, d'autre part, se reporter à l'époque où la grâce luttait contre le libre arbitre dont Dieu daigne toujours respecter le *clinamen*. Quand je parlerai des erreurs de mon passé, qu'on veuille bien sous-entendre mon présent. Dans sa profonde *Concordia*, le grand Louis Molina a posé des principes sûrs et approuvés par l'Eglise. Ils donneront la clef de ma psychologie.

Psychologie d'ailleurs subtile et délicate. Ce domaine de l'âme a des régions encore inexplorées. Comme un Eden, la mienne conservait des oasis de réserve, si je puis parler ainsi. Les eaux vives de la Grâce divine y baignaient des végétations secrètes. C'est un souvenir béni qui me revient et dont je veux faire part au lecteur de ces pages à certains jours. Dieu semblait vouloir me reprendre. Certains anniversaires jamais oubliés me jetaient frémissant et vaincu, soit dans ma chambre, soit dans une église, aux pieds du Maître Tout-Puissant. L'occulte ressemblait alors à une mer de ténèbres qui s'enfonçait dans le lointain, et la pure clarté d'autrefois inondait mon esprit. Ces impressions intimes devenaient de plus en plus fréquentes. On eût dit que Jésus-Christ m'appelait. Puis le noir océan, roulant ses vagues tumultueuses, reprenait son empire. La lumière disparaissait. Toutefois j'avais en moi de ces places gardées, qui paraissaient défendues aux Puissances du mal. Je ne pouvais pas rencontrer le Saint-Sacrement sans éprouver une commotion soudaine, et que de fois la Grâce m'a prosterné devant le Tabernacle. La vue de la Sainte-Hostie me causait une émotion profonde. L'aspect d'une statue de la sainte vierge me bouleversait. Le souvenir de saint Stanislas Kostka m'attendrissait jusqu'aux larmes. Divines touches de la Grâce, je ressentais, dans ma nuit, vos éblouissantes atteintes, et toute étoile n'avait pas disparu de mon firmament assombri !

On se demandera pourquoi j'acceptais aussi facilement l'intervention spirite, puisque j'avais mon inspiration personnelle et les manifestations intimes, variées et fréquentes d'Hélène. Je réponds que la Duchesse le voulait ainsi. Et puis, dans une parole intérieure, Hélène m'avait dit : « Le Plérôme se manifeste par des voies diverses. Le but est grand, mon bien-aimé, que t'importe le monde extérieur, qui t'apportera mes volontés ! ».

Cette parole d'Hélène m'avait décidé à accepter d'assister aux graves manifestations qui se préparaient pour moi chez lady Caithness et dont je vais parler maintenant avec plus de détails que je ne l'ait fait dans *Lucifer Démasqué*.

J'étais — c'est incontestable — sous l'influence directe de Lucifer. Le chérubin déchu qui prenait le nom d'*Hélène* avait envahi la partie supérieure de mon âme. Je n'avais réservé que deux points ; mais quels points ! Le très Saint Sacrement et l'Immaculée Conception. C'était la part de la Grâce prévenante à laquelle coopérait mon libre arbitre, sans y être nécessité. Je sentais très ouvertement cette action miséricordieuse de la grâce de Jésus-Christ.

En quittant la Duchesse, je songeai à rédiger mes homélies et mes rituels. Je soumis les uns et les autres à Sa Grâce. Elle me parut quelque peu déroutée. L'influence de Mme Blavatski (sic) la dominait. Elle était en outre sous l'obsession particulière qui revêtait pour elle la forme de la catholique martyre Marie Stuart. J'étais, moi, sous la domination d'Hélène. Dieu permettait cette divergence et forçait le prince noir à dévoiler sa contradiction doctrinale. Gnostique avec moi, Lucifer était tout autre avec la Duchesse. L'unité manquait à son but, car il était forcé de suivre les divergences de deux esprits orientés de deux côtés opposés. *Mentita est iniquitas sivi.*

Toutefois, la large compréhension de la Duchesse lui faisait admettre la différence des formes. J'étais plutôt étroit, étant imbu de l'esprit autoritaire que j'avais puisé dans mon éducation orthodoxe.

Mes homélies surprirent Sa Grâce. Dans l'une, j'imposais un *credo* absolu, une règle de foi ; dans l'autre, je calquais la hiérarchie catholique. De plus, je réclamais le sacre épiscopal, je voulais une église organisée, obéissante, assouplie, une assemblée régulière. Je voulais une *Sophia* gnostique, sorte de pape féminin, représentant le Saint-Esprit. Je voulais un patriarche gnostique, prélat absolu, quasi infaillible, des évêques, des diacres, des diaconesses, une assemblée de fidèles que je nommais les Parfaits ou les Pneumatiques, pépinière de diacres et d'évêques.

Les psychiques, ou intellectuels, formaient comme une église de dehors. C'était la masse spirituelle sur laquelle nous devions travailler. Le reste prenait le nom de ces hyliques, ou homme matériels, océan de perdition, promis à l'anéantissement final, proie fatal du démiurge soustraite à l'action de la divine étincelle du Plérôme. Lady Caithness, dans ma pensée, devait être le chef de cette église gnostique dont j'allais devenir le patriarche.

Elle consentit au sacre. Il eut lieu dans son oratoire. Dès lors, je signai : *Jules, évêque gnostique de Montségur.* Au lieu de la croix, je mis le *tau* devant mon nom, et je pris pour armes un champ d'azur au tau d'argent, accosté d'une colombe de même, figurant le Paraclet, et d'un casque d'or, symbolisant l'Albigéisme des Cathares du douzième siècle. Ma devise était : Levavi oculos meos ad montes. Ce sceau épiscopal est maintenant entre les mains vénérées d'un cardinal de la Sainte Eglise qui m'a réconcilié et tiré de l'abîme. Je pris les gants violets, je portai le tau sur la poitrine, et les dames gnostiques brodèrent elles-mêmes mon pallium. Ce pallium était en soie violette, brodé d'argent, avec une colopbe aux ailes épandues. En l'espace de quelques mois, nous élûmes onze évêques et une *sophia*, des diacres et des diaconesses, et nous reçûmes des adhésions choisies. Les évêques constitués en synode me choisirent pour patriarche sous le nom de Valentin. La gnose était restaurée. La liturgie fut promulguée. Il y eu trois sacrements : le *consolatum*, l'*appareillamentum* et la *fraction du pain. L'Initiation* publia les rituels. Je ne suis pas autorisé à donner le nom des évêques. Je ne dois parler que de moi. Qu'il suffise de savoir qu'ils appartenaient à l'élite de la société occultiste de Paris et de la province.

La Duchesse avait laissé entre mes mains, le côté pratique, l'Eglise s'organisait en dehors d'elle. Elle ne pouvait donc pas être la sophia, chef de l'assemblée. Je n'ai rien à dire de plus ici, de l'organisation de la Gnose. Je reviens à ce qui la concerne. Une réunion spirite des plus émouvantes eut lieu chez elle. Elle fera l'objet du prochain chapitre intitulé : *Les Evêques albigeois*.

Jean Kostka

Chez la Duchesse

Chapitre III

Le Cercle de l'Étoile

Par une soirée neigeuse de l'hiver 1890, Mme la duchesse de Pomar me reçut dans l'appartement intime de son hôtel de l'avenue de Wagram. Le valet de pied m'introduisit dans la chambre de Sa Grâce, pièce royale et magnifique, digne d'une souveraine et où elle n'admettait que ses intimes. On y parvenait par la bibliothèque et par la salle du trône. Après une courte présentation à M. le Duc, son fils, la Duchesse demeurée seule avec moi, entre immédiatement dans le vif du sujet qu'elle désirait traiter. C'était le Cercle de l'Étoile.

Cette chambre est celle dont (sic) le plafond, désormais historique, est décoré par l'image dantesque de cercles d'anges lumineux gravitant et tourbillonnant autour d'une étoile centrale. Cette image planait au-dessus du lit de milieu où avait coutume de reposer la grande théosophe. A gauche de ce lit, entre les deux fenêtres, était le bureau de Sa Grâce. Elle me fit asseoir en pleine lumière à son côté. La colombe de brillants décorait sa chevelure. Une mantille noire de dentelles précieuses couvrait sa tête et retombait sur ses épaules. Je me rappelle très exactement ce qui fut dit entre nous dans cette entrevue, et je vais le reproduire sous forme de dialogue, sinon dans les termes précis eux-mêmes, du moins dans le sens.

— Merci, Monseigneur, d'être venu. J'ai voulu vous dire, tout d'abord, combien j'avais été heureuse du succès de notre réunion (la scène des évêques albigeois) et combien je serais satisfaite si votre projet peut arriver à sa pleine réussite.

— Je vous remercie, Votre Grâce. Madame, je n'ai rien qui me soit tant à cœur que la fondation de l'Assemblée Gnostique, et je crois que vous êtes absolument désignée pour le rôle de Sophia.

— Je sais, je sais, Monseigneur. La Comtesse m'en a parlé. Mais vraiment, je ne puis me particulariser dans la Gnose Valentinienne. L'ésotérisme va beaucoup plus loin. Il est éclectique, et Votre Grâce Gnostique particularise un peu trop.

— Je demande pardon à Votre Seigneurie, Madame. La Gnose est la doctrine de l'Absolu. Valentin en est le docteur le plus complet. Il vient après Simon le Mage, après Basilide, et vous savez que nos esprits assistants ont formellement déclaré que sa théorie était l'expression même de la vérité.

— Bien ! Bien ! je sais cela, Monseigneur. Mais croyez-moi, je ne puis, étant donné ma compréhension plus vaste, entrer dans votre dogmatisme. Je suis plutôt bouddhiste, plutôt hindoue. Tenez, laissons cela. Demeurez le chef de votre assemblée. Elle est pour moi une branche de l'occultisme. Que m'apportez-vous là ? Ces papiers ?

— C'est la catéchèse, Madame. Et puis, voici l'hymne au Plérôme, et voilà la prose des fêtes gnostiques, dans le rythme du Moyen-Age.

— Vous voyez bien, Monseigneur. Votre Grâce Gnostique est demeurée très catholique romaine au fond. Une prose dans le goût du Moyen-Age ! Lisez-la-moi et traduisez-moi les paroles. Vous êtes autoritaire, Monseigneur. C'est très romain cela. Vous êtes fait pour devenir pape. Nous, nous sommes plus éclectiques. La Réforme a manié nos esprits. Comment voulez-vous que nous nous entendions. Je ne saurais pas commander et je ne sais obéir. La lettre tue et l'esprit vivifie. Quel jacobin retourné vous êtes !

La Duchesse souriait en me disant cela, et sa belle main chargée de bagues jouait avec un exemplaire de sa revue : *l'Aurore*. Elle écouta avec bonté et intérêt la lecture de mes documents. Le cantique au Plérôme lui plut beaucoup. Elle me fit répéter cette strophe :

> Salut ! Salut ! Royaume
> De la Divinité
> Salut ! Salut ! Plérôme !
> Eternelle Clarté !
> Abîme ! Ô mer immense,
> Où se meut la Substance,
> Mystère et Puissance,
> D'Amour et de Beauté !

Et celle-ci :

> Les Eons qu'il émane,
> Emanent à leur tour,
> Un et deux, c'est l'arcane
> De l'Insondable Amour !
> Divines hypostases !
> Urnes ! Encensoirs ! Vases
> Qui versent les extases !
> Nuit qui devient le jour !

— C'est beau ! C'est très beau ! me dit-elle. C'est aussi très vrai, mais je crois cela. Alors je suis une gnostique. — Elle ajouta : Votre article sur Simon le Mage est un vrai chef-d'œuvre. Mais pourquoi repoussez-vous le Bouddha. Le Bouddha, c'est Jésus aryen !

Ma prose lui agréa moins. Quand je lui eus expliqué la strophe consacrée à Sophia :

> In cathedra gnostica
> Mulier prophetica
> Revelatur Homini !

Voyons, me dit-elle, pourquoi cette papesse? Comme vous êtes bien Romain ! Comme vous êtes autoritaire ! Quel Robespierre gnostique ! Quel Cromwell ! C'est bien ce que me disait la Comtesse. C'est un Cromwell ! Ah ! Duchesse ! Il nous aurait mis à la Tour ! — Elle riait en me disant cela.

Elle sonna et demanda le thé. Pendant que je buvais le nectar anglo-saxon, elle me dit, en mettant sa main sur mon bras : Vous avez quelque chose de Saint Ignace de Loyola, *au rebours*, chevaleresque et absolu. Vrai Celte et vrai Basque. Un peu Normand. Et elle me présentait la crème : Buvez cela, Monseigneur ! C'est du lait de France... pas de Paris. On l'apporte de la campagne.

— Allons ! voyons ! ajouta-elle, laissons un peu dormir Sophia Céleste. Ce n'est pas moi qui la serai. La comtesse vous renvoie à moi, moi je ne veux pas. Pourquoi une femme ? En France, ce sont les hommes qui sont mystiques. Voulez-vous que je vous parle maintenant ? Eh bien, tenez-vous tranquille, écoutez-moi. — En ce moment, minuit sonna solennellement. L'avenue moins bruyante ne nous envoyait plus qu'une faible rumeur. La Duchesse commença. Je ne l'interromprai plus.

« La première fois que je vous ai vu, Monsieur l'Evêque ! Une étoile visible, visible pour moi seule, brillait sur votre front. Vous êtes un frère de l'Etoile. Maintenant je m'explique. Au début de ma vie mystique, un soir que je me promenais sur la falaise, dans les îles Orcades, en ma chère Ecosse, je m'assis en face de la mer déjà assombrie par le crépuscule. Un calme majestueux régnait sur la face sérieuse de l'abime. Une frange de pourpre bordait l'horizon immense, et la lune commençait son ascension pacifique dans l'espace. Je demeurai longtemps ainsi, le menton appuyé dans ma main et le coude appuyé sur mes genoux, contemplant tour à tour le ciel et les flots, laissant errer ma rêverie entre ces deux infinis. Cependant il se faisait tard. La brise devenait fraîche. La vague s'enflait mollement sous la lune, et la mer déferlant au loin, m'envoyait sa plainte rythmique et solennelle. Une à une s'allumaient les étoiles, phares célestes éclairant ma songerie, points brillant à la fois sur mon regard et ma pensée. Dans les lointains violets, quelques lames plus hautes que les autres s'élevaient comme des collines mobiles, retombaient et roulaient dans leur écroulement d'écume l'image brisée des constellations. Tout d'un coup, une étoile énorme se détachant sur le fond bleu de l'étendue, m'envoya comme un rayonnement de soleil. Soudain soudainement du milieu de ses sœurs plus petites, elle semblait en être devenue le centre. Et de cette étoile inconnue, une sorte d'échelle de clarté descendit jusqu'à la mer et reposant son extrémité sur la cime mouvante des vagues, unit l'Océan au vaste azur. En même temps, une voix se fit entendre à mon oreille et me dit ces mots : « Mary ! Une grande mission t'attend. Tu seras la messagère des grands esprits qui habitent cette étoile, et tu porteras leur parole à la terre ». Tout redevient silencieux. L'échelle de lumière disparut. Je ne vis plus que la mer, je n'entendis plus que le ressac de ses flots. Le vent soufflant du large, m'apporta son bruit d'orgue sonore. Je me levai et rentrai au château. Ma destinée était fixée. »

Cette destinée ainsi fixée répondait-elle à un état d'âme, ou bien à quelque subite inspiration venue des puissances noires ? Je me le suis demandé bien souvent. La psychologie de Mme la duchesse de Pomar ne pourra être faite que difficilement. C'était une âme nuancée. L'éducation protestante-épiscopale avait certainement laissé des traces profondes dans cette intelligence cultivée. Le goût du merveilleux, une immense lecture, une aptitude presque incroyable aux intuitions, se mêlaient chez la Duchesse, à un orgueil psychique indéniable. Dans cette révélation des bords de la mer, dans cette extase de la falaise, il y eut aussi sans doute une part d'illusion.

Mais il y eut très certainement une part très grande d'infiltration luciférienne. Toujours est-il que cette mémorable soirée fut le point de départ de l'apostolat théosophique de lady Caithness. Notons bien qu'alors elle ne devait pas connaître les théories de Madame Blavatski (sic). Cette soirée fut aussi le point de départ de deux conceptions de la Duchesse : l'incarnation en elle de Marie Stuart et la doctrine du Cercle de l'Etoile. C'est de cette dernière que je veux parler, remettant à un autre chapitre ce que j'aurai à dire sur la pseudo Marie Stuart qui fut l'Egérie de la noble Théosophe. Qu'entendait lady Caithness par le *Cercle de l'Étoile* ? Deux choses :

1) Une réalité supérieure formée par une société extra-terrestre des grands esprits désincarnés ;

2) Une foi théosophique dont ces grands esprits étaient les propagandistes et les chefs et docteurs invisibles.

Au fond c'était une conception spirite. Dans l'espace, ou plutôt dans l'éther pur, au-dessus des globes lumineux, et des merveilleuses étoiles, est une région sacrée, un Eden intellectuel circulaire, enveloppant les atmosphères et les cieux superposés. C'est là, qu'au sein d'une clarté indéfiniment épurée et resplendissante, vivent les sublimes esprits, connus ou inconnus, qui ont gravi d'existence en existence les degrés de la purification. Ces esprits revêtus d'un corps astral d'une délicatesse inouïe, composent une hiérarchie de gloire et de mérite et vivent dans la contemplation de Dieu et dans son amour le plus entier. Marie Stuart est reine d'une de ces glorieuses hiérarchies. Ce cercle céleste s'accroît sans cesse par la venue des esprits purifiés de tous les mondes. La duchesse avait fait figurer ces êtres ineffables par des anges revêtus de blanc et couronnés de rayons. Ils remplissent de très hautes missions. Ils veillent sur les créatures d'élite et mettent ; sur le front de ces créatures, un sceau symbolique que lady Caithness voyait seule étinceler, comme une lueur, sur la tête des élus destinés à faire partie un jour de ce bienheureux Cercle, de cette « église triomphante » de la théosophie. J'ai déjà dit que Sa Grâce avait aperçu une étoile sur mon front, quand je lui fus présenté.

Ces esprits ont encore pour mission d'enseigner la vérité mystique et de garder son flambeau qui vacille à tous les souffles de l'erreur, à tous les vents de la superstition et du doute. Quelle foi enseignent-ils ? La foi à la vérité, une sous ses formes diverses. Mais qu'est la vérité ? La Duchesse en retrouvait chez tous les peuples, dans toutes les religions et dans toutes les philosophies, des fragments épars, semblables à ceux d'un miroir brisé, ou aux perles égrenées et dispersées d'un collier royal. Seulement cette vérité était revêtue de symboles. Il appartenait à la *doctrine ésotérique* d'interpréter, d'expliquer et de compléter les symboles. La Bible elle-même était soumise à cette opération intellectuelle. Au fond, Swedenborg avait dit la même chose, quand il parlait du sens interne de la Parole. Et Saint Martin pensait comme la Duchesse et comme Swedenborg. Conclusion : l'ésotérisme interprétait les livres sacrés. Cependant, lady Caithness professait une foi absolue dans les livres sacrés. Elle lisait la Bible avec respect et l'interprétait avec liberté. Au point de vue humain, son exégèse était très intéressante, d'une grande envolée et d'une envergure majestueuse. Je ne puis m'ôter de l'esprit que cette théorie était un fruit de la Réforme. La protestante apparaissait sous la théosophe. Le credo de Sa Grâce n'était pas toujours bien net. C'était un credo éclectique où la gnose côtoyait l'Hindouisme, le Bouddhisme ésotérique, l'Idéalisme et le Spiritisme.

Notre Seigneur Jésus-Christ y devenait le Christ intérieur que l'homme éclairé et pur devait réaliser en lui. Je n'ose appuyer sur ce troublant sujet. Mme de Pomar était de très bonne foi, mais cette conception touche au blasphème dans ses lignes de superbe et de révolte. Je ne l'ai du reste jamais admise, ayant trop l'âme catholique pour cela, même au milieu de l'erreur. Je ne veux pas entrer dans plus de détails qu'il n'est utile d'en donner pour ce récit qui n'a aucune prétention doctrinaire et qui n'est qu'un chapelet de souvenirs que j'égrène humblement, en esprit de repentance au pied de l'autel dont l'ombre protégea mon enfance et protégera, je l'espère, les avennes de mon tombeau.

Jean Kostka

Source bibliographique pour le préambule et les deux articles de Doinel :

— **L'Autre Monde**, année complète 1982, *L'Eglise Gnostique - Jules Doinel* de Robert Amadou, mensuel n° 61, 62, 63, etc...
— **Revue du Monde Invisible** de Mgr Elie Méric, deuxième année, Paris, 1899-1900, *Chez la Duchesse*, 15 juillet 1899, pp. 113-117, *chez la Duchesse (suite)*, 15 décembre 1899, pp. 418-425.

FUCANELLI ET LE POSTEFACIER
HISTOIRE ET MONUMENT

Jean Artero ©

Illustration éxécutée par Julien Champagne pour le FINIS GLORIAE MUNDI
Un chapitre devait y figurer sous le titre "Le Labarum de Constantin"

Je connais quelqu'un qui a retrouvé le troisième livre de Fulcanelli, et ce n'est pas le fameux *Finis Gloriae Mundi*, non encore paru à ce jour, n'en déplaise à Jacques d'Arès et à Jean-Marc Savary.

Non, pour Richard Caron, dans sa postface à la dernière en date des éditions des *Deux Logis Alchimiques* d'Eugène Canseliet, il s'agit tout bonnement de ce dernier ouvrage, qui « peut à maints égards être considéré comme le troisième Fulcanelli ».

L'assertion n'est d'ailleurs pas nouvelle. « Quel grand honneur me fait Robert Ambelain, écrivait déjà il y a quelques décennies Eugène Canseliet, lorsqu'il formule cette suggestion que le troisième livre du Maître est constitué tout bonnement par mes *Deux Logis* ». Le troisième à ce jour, bien entendu.

Et bien, je suis partiellement d'accord sur ce point avec Ambelain et Caron, dans la mesure où, disons-le d'emblée après tout, une des caractéristiques majeures de l'œuvre fulcanellienne me semble résider dans cet ancrage quasi-constant qu'elle propose de l'alchimie traditionnelle, au-delà de ses innombrables écrits et de sa flamboyante iconographie, dans l'histoire monumentale de nos pays. Et pas seulement de la France, d'ailleurs. Il est impossible au demeurant de ne pas relever le fait que si bien des édifices européens sont mentionnés dans le *Mystère des Cathédrales* comme dans les *Demeures Philosophales*, seuls pratiquement notre pays et celui du Royaume-Uni ont droit à d'amples développements accompagnés d'illustrations. Londres avec Westminster Abbey, Edinburgh et son Holyrood Palace sont ainsi entre autres particulièrement étudiés.

Puisqu'il sera plus avant question, il va sans dire, de l'identité de Fulcanelli, voici qui me paraît plaider pour un Fulcanelli français, ayant peut-être des attaches personnelles outre-Manche.

Mais à ce stade relevons surtout le fait que si Fulcanelli a eu de ce point de vue quelques précurseurs nationaux, comme Nicolas Flamel, Barnaud, autre Nicolas, « le sagace de Laborde », Esprit Gobineau de Montluisant, « gentilhomme chartrain », ou plus près de nous l'hermétiste Cambriel, il est le premier à ériger en système l'ésotérisme architectural qui est lié au Grand Oeuvre.

Et à s'en expliquer, dès le frontispice de sa première publication, réalisé en 1910 par Julien Champagne et publié en 1912 par la maison Chacornac. Pour lui, et ici il est clairement en accord avec un René Schwaller, le Grand Art a d'abord été l'apanage des prêtres, il a, dès le temps des « mystères égyptiens » chers à Jamblique, été cultivé dans les temples, à l'usage des initiés.

« Le Sphinx protège et domine la Science », affirme la légende de ce frontispice, tellement regardé et au fond si peu examiné. L'énigme est donc scientifiquement suprême. Mais de quelle Science s'agit-il ? Elle est sûrement ésotérique, puisque le Sphinx la protège.

Comme nous l'allons voir, cette science des sciences n'est autre que l'éternelle alchimie.

« Les merveilles de notre moyen âge contiennent la même vérité positive, le même fonds scientifique que les pyramides d'Egypte, les temples de la Grèce, les Catacombes romaines, les basiliques byzantines ». (Canseliet)

Dans les basiliques byzantines, le Christ était ainsi parfois représenté comme les sirènes, avec une queue de poisson, hiéroglyphe du *primus ons* de la pierre des philosophes. « L'Ichtus grec des catacombes romaines n'a pas d'autre origine. » (Fulcanelli)

Fulcanelli qui, convaincu de la signification hermétique des labyrinthes quels qu'ils soient, mentionnera la découverte en 1902 par le docteur Evans, d'Oxford, de celui de Cnossos, en Crète. Plus généralement, il rejoint ici la profonde intuition de Victor Hugo, pour qui l'architecture a été la grande écriture du genre humain. Cette remarque géniale du grand visionnaire, qui s'offre comme un clef de lecture de son roman sur Notre-Dame, écrit tout entier sous le charme de l'alchimie, s'applique tout naturellement au merveilleux de l'art gothique :

« La cathédrale tout entière n'est qu'une glorification muette, mais imagée, de l'antique science d'Hermès ». (Fulcanelli)

Pour Lucien Carny également, qui cite Baudelaire, la cathédrale est ce temple où des vivants piliers laissent parfois sortir de confuses paroles...

« Fulcanelli a surabondamment prouvé qu'une grande partie de la décoration dans les églises, depuis l'humble paroissiale jusqu'à la plus riche cathédrale, ne peut s'expliquer de manière satisfaisante du seul point de vue de la religion ou de la morale ». (Canseliet)

Il en est ainsi par exemple des mérelles, coquilles de saint Jacques ou bénitiers en forme de coquilles, qui servaient autrefois à contenir l'eau bénite et sont emblématiques de l'eau benoîte des Philosophes. « On les rencontre encore fréquemment dans beaucoup d'églises rurales ». (Fulcanelli)

Fulcanelli nous présente donc d'emblée le temple gothique comme un *mutus liber*, et la cathédrale de Paris ou celle d'Amiens, qu'inspira la première, est donc à son idée essentiellement une « Bible occulte aux massifs feuillets de pierre ».

« Le porche central de Notre-Dame d'Amiens est la reproduction à peu près fidèle, non seulement des motifs qui ornent le portail de Paris, mais de la succession qu'ils y affectent. Sur les deux édifices, mêmes symboles, mêmes attributs, mouvements et costumes semblables ».

Bizarrement, du moins au premier abord, il ne s'attarde guère cependant sur la troisième église pourtant capitale et « admirable » de Bourges, et de la cité royale étudie plutôt des « loges » civiles, dont les emblèmes alchimiques sont attribués à Jacques Cœur pour l'une, mutilée, et pour l'autre, intacte, à Jean Lallemant, tous deux laïcs et alchimistes.

Et proches tous deux des rois de France... car l'alchimie à la fin du moyen-âge quitte pour Fulcanelli la cléricature, et les arts libéraux, « entraînés par le grand courant de décadence qui prit le nom paradoxal de Renaissance », s'approchent, certes à leur grand dam, du temporel et de son exotérisme. L'art sacerdotal devient de plus en plus un art royal.

« Si le moyen-âge eut en partage l'esprit, la Renaissance prit un malin plaisir à nous emprisonner dans la lettre ».

« La Renaissance, décadence cachée sous le mot de réforme », martèlera-t-il. Et Canseliet d'approuver, se référant pour le coup à Frédéric Portal: « L'ère théocratique dure jusqu'à la Renaissance ».

Fulcanelli dénoncera particulièrement dans ce registre l'influence du roi François 1er, et de ses tentatives de censure de l'écrit. Tel est selon lui l'explication première du passage du temps des cathédrales à celui des demeures philosophales.

« Il est probable qu'en interdisant l'usage de l'imprimerie, François 1er fut la cause déterminante d'un nouvel essor du symbolisme, digne du plus beau de la période médiévale ». « La pierre se substitue au parchemin ».

Encore les deux sont-ils complémentaires: « C'est de la confrontation du Livre et de l'Edifice que l'Esprit se dégage et que la Lettre meurt ». (Canseliet)

Et si dans le second ouvrage fulcanellien il est encore question d'une basilique, celle de Nantes, il ne s'agira plus à son propos « que » d'évoquer la symbolique qui se dégage du tombeau de François II qui s'y trouve actuellement.

Naturellement Fulcanelli reconnaît aussi l'impact direct de la construction de ces monuments, et sur leur entourage, et sur leur postérité :

« Edifiées par les Frimasons médiévaux pour assurer la transmission des symboles et de la doctrine hermétique, nos grandes cathédrales exercèrent, dès leur apparition, une influence marquée sur nombre de spécimens plus modestes de l'architecture civile ou religieuse ». (Fulcanelli)

Est-ce parce qu'il n'a traité finalement dans son premier livre que du mystère de deux cathédrales d'art gothique, ou comme on voudra d'argotique, que Fulcanelli le considérait, paraît-il, comme moins abouti que le second ?

« Ce deuxième ouvrage de Fulcanelli vient en suite logique du *Mystère des Cathédrales*, dont il se montre, par surcroît, le développement abondant et précieux, dans le double domaine spirituel et physique du Grand Oeuvre. Il apparaît plus actuel aujourd'hui que lorsqu'il sortit à son tour, dans l'indifférence quasi générale à l'égard de l'alchimie dont il était la voix venue du fond des âges en même temps que la voie conservée par l'unanime tradition ». (Canseliet)

« Notre intention est de donner ici le complément de ce que nous avons enseigné dans un précédent ouvrage ». (Fulcanelli, qui n'écrit pas dans notre précédent ouvrage... il a donc peut-être écrit par ailleurs).

Et si Paris a inspiré Amiens, quel troisième chef-d'œuvre médiéval pourrait être issu de la même pensée ésotérique qui anima les architectes picards ?

On peut se le demander à juste titre, comme on peut — peut-être — se demander tout aussitôt si aux deux mystères de la première œuvre de Fulcanelli, ou plutôt au mystère de ces deux premières œuvres, ne répond pas magnifiquement, triomphalement, même, le suprême mystère du troisième œuvre, dévoilé et revoilé dans *les Demeures* ?

Dans la mesure où on s'en remet à Carny, la cathédrale mère pourrait bien en fait être celle de Chartres, chère notamment à Charles Péguy et à Louis Charpentier, et qui n'est que brièvement évoquée par Fulcanelli. « Chartres passe pour être le plus ancien de tous les pélerinages ». (Fulcanelli) La vouivre y est toujours, je crois bien.

Eugène Canseliet semble être du même avis, qui y ajoute la basilique de Lyon (lions) : « N'est-il pas troublant, ce caractère d'universalité, si l'on compare seulement les emblèmes — *emblemata* — qui sont sculptés aux Notre-Dame de Paris, d'Amiens, de Lyon, de Bourges et de Chartres ? ».

Selon d'autres informations, un précurseur immédiat et modèle réduit de la basilique parisienne pourrait bien être celle de Larchant...

La statuaire n'est d'ailleurs pas seule concernée, l'art du vitrail lui correspond et la reproduit, que ce soit à Notre-Dame de Paris ou à la Sainte-Chapelle :

« Il semble difficile de rencontrer ailleurs une collection plus considérable sur les formules de l'ésotérisme alchimique, que celle de la Sainte-Chapelle ». (Fulcanelli)

En outre, l'alchimie a contribué à l'art des maîtres verriers:

« Nos cathédrales gothiques sont redevables à la pierre philosophale de l'inimitable coloris de leurs vitraux ».

Encore ne faudrait-il pas opposer à l'excès demeures laïques et religieuses :

« Fulcanelli entendit toujours, sous l'expression demeure philosophale, tout support symbolique de l'hermétique Vérité, quelles qu'en pussent être la nature et l'importance. A savoir, par exemple, le minuscule bibelot conservé sous vitrine, la pièce d'iconographie, en simple feuille ou en tableau, le monument d'architecture, qu'il soit détail, vestige, logis, château ou bien église, dans leur intégrité ». (Canseliet)

Pour un Guy Béatrice, la symbolique alchimique n'est d'ailleurs en aucun cas réductible à la seule industrie des hommes :

« C'est bien l'alchimie, et elle seule, qui architecture l'édifice en son entier, comme elle le fait pour toute création vivante et en particulier pour l'histoire humaine ». Tel semble être également l'intime conviction de Fulcanelli:

« Vous retrouverez l'alchimie en tout domaine qui est noble, au sein du plus humble, comme du plus élevé; il vous faudra, sans lassitude la rechercher afin de parvenir à la conclusion triomphale ». (Fulcanelli à Canseliet)

Toujours est-il que les principales « demeures philosophales » passées en revue par Fulcanelli dans son second livre sont à mon avis pour la plupart des logis laïcs de la fin du Moyen Age et de la Renaissance : XVème, XVIème siècles.

Les meilleurs exemples en sont peut-être les châteaux de Dampierre-sur-Boutonne et de Fontenay-le-Comte, auquel répond, comme relevé par Caron, l'examen par Canseliet de celui du Plessis-Bourré.

Jean Artero,
(Extrait d'un essai à paraître sur Fulcanelli).

LES CHRONIQUES D'HISTORIA OCCULTAE

Quelques livres

Ouvrons cette rubrique par la présentation d'un ouvrage au titre évocateur et qui nous ramène de belle manière à un personnage qui a illustré la tradition ésotérique durant la période de la Belle Epoque : *Péladan*, « Qui suis-je », Pardès, août 2007. Son auteur, Arnaud de l'Estoile, né en 1966 et diplômé de la Sorbonne et du Conservatoire National des Arts et Métiers, s'est spécialisé dans l'étude de l'ésotérisme et des sciences occultes. Auteur dans la même collection de deux autres livres, *de Guaita* (2005) et *Papus* (2006), Arnaud de l'Estoile ne prétend nullement à l'exhaustivité de son travail, car son but était au préalable de faire découvrir à un public plus large les grandes figures de l'occultisme. Et c'est tant mieux ! A ce titre, son travail est réussi et écrit dans un style clair et aéré. Ses sources bibliographiques, maintes fois utilisées et citées dans ses ouvrages, bien connues des historiens de l'ésotérisme, sont choisies avec soin et pertinence. Bref son tout « dernier né », à l'instar de ses précédentes publications, est une bonne synthèse qui nous offre un portrait exact de ce singulier et brillant personnage que fut Joséphin Péladan. On relèvera dans l'ouvrage d'utiles et belles illustrations. Signalons aussi une courte et intéressante participation de Marin de Charrette : *Etude astrologique de Joséphin Péladan*, en dépit de l'étrange méthode utilisée pour tracer le thème natal de Péladan, c'est-à-dire celle dite « des maisons égales » (15 degré avant l'ascendant et 15 degré après, et ainsi de suite pour les autres maisons), prônée naguère, voire inventée dans les années 1940, par Xavier Kieffer et propagée ensuite par son élève Yves Christiaen. On précisera que cette domification dite antique et qui se veut supérieure en interprétation sur les autres écoles d'astrologie tombe de nos jours en désuétude. L'occasion est trop belle ici pour rappeler avec sourire que cette domification fantaisiste utilisait 24 maisons, 12 maisons « dites solaires » et 12 maisons « dites horoscopiques », sans compter les 7 planètes qui peuvent être associées pour chacune d'entre elles à 12 maisons, ce qui bien entendu augmentait considérablement, par rapport à l'astrologie classique qui n'utilise que douze maisons, leur répertoire d'interprétations... Heureusement que notre sympathique Marin de Charrette s'est uniquement contenté d'utiliser pour l'interprétation natale du « Sâr Mérodack » les aspects planétaires et les planètes dans les signes. Mais pouvait-il faire autrement !?

Consacrons quelques lignes à un autre ouvrage qui fera sans nul doute date dans les annales de l'occultisme en France. Pour la première fois, une traduction française des fameux *Flying Rolls* du Second Ordre de la Golden Dawn, « Rosae Rubeae & Aureae Crucis » voit enfin le jour (premier trimestre 2007, Sesheta Publications). Il s'agit pour être plus précis de trente-six documents qui furent jusqu'alors réservés aux seuls Adeptes du Collège de la Rose Croix, aux Adeptii Minores 5° – 6°. Wynn Wescott, Samuel & Moina MacGregor Mathers, Florence Farr, Annie Hornimann, Edward Berridge, Broddies-Innes, en furent les principaux auteurs. Le Néophyte ou même l'Initié devrait, comme je l'avais énoncé dans le préambule d'un autre ouvrage publié dans la même collection et intitulé *La formule du Pilier du Milieu d'après les enseignements de la Golden Dawn et de la Stella Matutina*, trouver matière à réflexion dans ce livre où il puisera en toute liberté et à sa manière, selon son niveau de compréhension et son mode de perception, tout ce dont il a besoin, ne serait-ce que pour enrichir au préalable son bagage culturel et ésotérique.

Pour de plus amples informations sur Sesheta Publications, écrire au 2 bis rue Damiette, 76000 Rouen ou se connecter à http://www.sesheta-publications.com.

L'ouvrage intitulé *Pour la Rose Rouge et la Croix d'or* de Jean-Pierre Guidicelli de Cressac-Bachelerie vient d'être enfin réédité, mais cette fois-ci aux éditions Le Mercure Dauphinois (avril 2007) et sous la houlette de Geneviève Dubois. L'auteur, désormais bien connu, s'était fait naguère remarquer en faisant paraître en 1992 son *Fulcanelli dévoilé*. La première et unique édition aux éditions Axis Mundi (1988) de l'ouvrage référencé fut rapidement épuisée et très recherchée par la suite. Il est vrai que son contenu était très convaincant et constituait d'une manière très vivante une mise au point d'un Collège dépositaire des Arcanes Majeurs : de l'hermétisme à la voie externe avec la Pierre Rouge et la voie interne avec la création tangible d'un Corps de Gloire, des Roses-Croix aux Ordres détenteurs des « Arcana Arcanoru »... Un livre à lire et à garder précieusement dans sa bibliothèque !

On soulignera également le monumental ouvrage de François Beauvy, *Philéas Lebesgue et ses correspondants en France et dans le monde* (2004), et qui reste en matière historique la seule référence sur laquelle on peut compter. On notera dans ce livre un petit aperçu sur Eugène Canseliet qui fut le dernier personnage à s'être entretenu avec l'écrivain de la Neuville-Vault et qui fit, comme nous le savons, couler beaucoup d'encre sur le mythe Fulcanelli. Voici ce que l'auteur de ce livre écrivait à ce propos : « Cependant le goût du mystère de cet alchimiste et certainement aussi la volonté de ne pas être oublié par la postérité l'amèneront à créer une énigme, en s'inventant peu à peu un initiateur fictif sous le nom de Fulcanelli, ce qui permettra aux amateurs d'ésotérisme de discuter sans fin sur des invraisemblances. La correspondance de Le Cour, cette fois, permet de remettre de l'ordre dans le mystère imaginé par Canseliet ». Bien entendu, la fameuse correspondance à laquelle fait allusion François Beauvy est décrite fidèlement dans son livre et détaillée sans concession. Mentionnons rapidement l'ouvrage d'Alexandre Adler *Sociétés secrètes* (Grasset, 2007), où il est question de Pierre Plantard de Saint-Clair et de son mythique « Prieuré de Sion », et bien évidemment de Rennes-le-Château et de

Bérenger Saunière qu'on ne présente plus. Au lu de cet ouvrage, il en ressort que le style de l'auteur en impose, mais c'est tout !!! Du recyclage à gogo sur une affaire que nous connaissons depuis « belle lurette » et que l'auteur ne maîtrise pas forcément.

D.D.

Opus Mago-Cabbalisticum et Theosophicum, de Georg Von Welling. Traduction Anglaise de Joseph G. McVeigh, édité par Lon Milo DuQuette, aux éditions Red Wheel/Weiser, 2006.

Cet ouvrage magistral fut publié pour la première fois en allemand à Francfort-sur-Main en 1719 sous le nom de plume de « Gregorius Anglus Sallwigt » qui n'était autre que le Baron George Von Welling (1655–1727). Ce dernier naquit dans le comté de Weissehneime et était issu d'une famille noble de Souabe. Il fut directeur des mines de Baden-Dourlach, d'où sa parfaite connaissance des métaux et minerais. Nous ignorons si von Welling était un Frère Rose Croix, bien que sa flatteuse réputation d'homme pieux l'ait précédé. En revanche et à la lecture de son *Opus*, nous constatons qu'il était fortement versé en Kabbale (tendance chrétienne), en Magie et en Alchimie. Il eut ses détracteurs, mais tous reconnaissaient unanimement que Georg von Welling faisait toujours passer l'Honneur de Dieu et le Bien de ses contemporains avant ses intérêts.

Pour en revenir à la première parution en 1719, on notera pour information qu'une seconde impression augmentée fut publiée en 1735, puis en 1753 à Leipzig, en 1760 et 1784.

Cette nouvelle traduction anglaise augmentée et présentée ici provient de la version allemande de 1735 et demeure jusqu'à ce jour la plus complète, par opposition à celle de Francis Barrett, (que nous connaissons surtout pour son ouvrage nommé *The Magus*) qui réalisa une première traduction anglaise en 1801 pour un cercle rosicrucien auquel il appartenait. Autrement dit, la traduction de Francis Barrett qui nous est parvenue sous le titre de *Philosophy of the Universe, or a General System of Chymical, Metaphysical & Mathematic Knowledge. In which the Original, Natural Properties of the Three Principles of the Nature are fully described. The production & Maturation of Metals & Minerals. A complete Treatise upon the Wisdom of God & the Excellency of Nature* ne présente que trois livres — Livre I, *du Sel*. Livre II, *du Soufre* & Livre III, *du Mercure* — alors que la version allemande contenait tout bonnement quatre Livres.

Un autre point intéressant mérite d'être relevé sur cette première traduction, plus précisément sur un particularisme de Francis Barrett et qui concerne principalement sa propre signature accompagnée des initiales "F.R.C.", *Frater Rosæ Crucis* — Frère Rose Croix. En effet, ce traité, qui bénéficiait d'une très grande réputation au sein des courants Rosicruciens Européens du XVIIIème comme du XIXème siècles, correspondait à la vision pansophique de ces sociétés. Dans sa préface, Francis

Barrett insiste sur le fait que la réputation et les enseignements de ce livre ne sont plus à faire, d'autant plus que l'auteur fut par ailleurs conseillé par Hermann Fictuld, une grande figure de l'histoire du rosicrucianisme et qui fut considéré, à tort ou à raison, comme le père fondateur des fameux *Gold-und Rosenkreutzer*, les Rose Croix d'Or d'Ancien Système.

On soulignera aussi que l'*Opus Mago-Cabbalisticum et Theosophicum*, tout comme l'*Aurea Catena Homeri, Annulus Platonicus* (la Chaîne d'Or d'Homère, les Anneaux de Platon, plus connu en France sous le titre de *La Nature Dévoilée*) publié en 1723 par un Rose Croix anonyme répondant du *nomen mysticum* de Frater Homerus, sont les deux traités que la Rose Croix d'Or conseillait à leurs Apprentis.

Ces deux traités illustrent bien à propos les enseignements internes de la Rose-Croix d'Or et correspondent aux fondements théoriques alchimiques. L'*Aurea Catena Homeri* traite, par exemple, des quatre éléments issus du Chaos, tandis que l'*Opus Mago-Cabbalisticum et Theosophicum* disserte en profondeur et selon un ordre bien établi sur les trois principes immuables de l'Alchimie, Sel, Soufre et Mercure.

Ce magnifique ouvrage des éditions Weiser ne contient pas moins de 550 pages, divisées bien entendu en 4 parties ou « Livres ». Les trois premiers livres traitent en détail du Sel, du Soufre et du Mercure, leurs origines, leurs natures, leurs propriétés et leurs usages. Chaque partie est développée puis commentée dans un ensemble cohérent et à la lumière de la Chymie, de la Philosophique, de la Kabbale, de la Théosophie et de Magie. Ainsi von Welling, après avoir abordé et longuement détaillé par analogie aussi les différents aspects du Sel, conclut dans le premier volume sur la Chute de Lucifer et de la division qui en résulta, qu'il nomme « la Création du Monde ».

Le second volume qui traite du Soufre, tant « Céleste » que « Terrestre », nous introduit dans la phase de corruption des éléments, que von Welling développe sous forme de commentaires kabbalistiques, en y associant sa vision de l'Emprisonnement du Serpent et de la Résurrection après le Jugement Dernier. Bien des auteurs se sont penchés sur la parabole de la résurrection, on citera particulièrement Christian Knorr von Rosenroth (idem pour von Welling) qui s'appliqua à expliquer kabbalistiquement l'Apocalypse de St Jean.

Le troisième volume est consacré au Mercure, avec ses propres termes symboliques sur les Eaux d'en-haut et d'en-bas (macrocosme et microcosme) et en complémentarité avec l'astrologie et une théologie « théosophique » de la Genèse.

La quatrième partie, qui est très courte, traite essentiellement de la Sagesse Divine.

Cet *Opus Mago-Cabbalisticum et Theosophicum* de Georg Von Welling exposé très sommairement ici et qui contient en additif quatre appendices alchimiques est un ouvrage tout simplement remarquable et indispensable pour le chercheur sincère qui souhaite aborder cet Art divin et développer sa connaissance théorique de l'Art Royal. Des bases solides, claires et remarquablement bien expliquées dans, aideront sans nul doute tous cherchants.

Nous terminerons par une digression risible et triste à la fois, oculaire dans les faits : nous avons le souvenir de certains pédagogues en quête de recrutement pour leur « mouvement de masse » et qui se prétendaient "Alchimistes" et « Rosicruciens » en osant avancer avec une véhémence qui frise le ridicule que la Rose Croix n'a jamais fourni ne serait-ce qu'un ouvrage alchimique digne de ce nom. Ce livre, entre autres, est la preuve du contraire. Ah ! Si au moins ces sophistes, qui nous gratifient d'ouvrages toujours aussi pompeux sur le sujet, ne possédaient ne serait-ce qu'une once de cet or philosophique qu'est le bon sens et la sagesse de ce Livre !!!

Verra-t-on enfin une traduction française ?

Frédéric MacParty

Quelques Nouvelles (revues, mouvements etc)

Le numéro double 147-148 de **Renaissance Traditionnelle** est paru ; revue qui comme nous le savons fut fondée en 1970 par René Désaguliers et qui stipule ou signale avec insistance qu'elle est sans aucune attache obédiencielle (sic). Relevons des articles de Pierre Mollier, *Malte, les Chevaliers et la Franc-Maçonnerie*, de Roger Dachez, *Divulgations et catéchisme maçonnique en France de 1731-51*, de Robert et Catherine Amadou, *Correspondance de F. R. Saltzmann à J.B.*, pour ne citer que ces auteurs. On rajoutera en parallèle une petite innovation à venir sur cette revue puisque Serge Caillet, historien de l'ésotérisme bien connu, consacrera désormais quelques pages sur le martinisme, ponctuées au demeurant d'utiles éléments biographiques. A voir les prochains numéros !

****

Une bonne mention pour la série d'articles, *Quelques présences allégoriques en littérature ésotérique française*, consacrée par Denise Bonhomme dans la revue **L'Initiation** de 2007. Cette thématique particulière nous ramène implicitement et d'une certaine manière à Jean Richer (1915-1992), spécialiste en son temps sur les aspects ésotériques de l'œuvre littéraire.

****

Rendons ici un dernier hommage à **Georges Bordonove** (1920-2007), un personnage qu'on n'oubliera pas de sitôt tant ses œuvres écrites furent abondantes. Et pourtant, nombre de lecteurs ignorent encore aujourd'hui qu'il est décédé le 16 mars 2007 à Antony (Hauts-de-Seine). On rappellera pour mémoire qu'il était né à Enghien les Bains (Val d-Oise) le 25 mai 1920. Tour à tour historien et romancier, parfois les deux en même temps car il lui arrivait, avec la verve et le talent qui le caractérisait si bien, de nous faire revivre avec sa plume l'histoire, à la manière d'un magicien qui nous plongerait par un tour de passe-passe dans le passé. Il suffit de lire les diverses thématiques traitées par Georges Bordonove où il conjuguait harmonieusement vérité historique, décor ambiant de l'époque du moyen-âge (par exemple) et sentiment humain. Ce fut, à n'en pas douter, l'une des clefs de sa réussite littéraire.

Parmi ses divers et multiples écrits, les spiritualistes de tous bords retiendront principalement *La tragédie des Templiers* et bien entendu *La tragédie Cathare* où il dénoncera avec véhémence que : « ce fut une véritable guerre de Sécession — la nôtre — ponctuées de victoires, de défaites, de retournements, de situations incroyables, de sièges innombrables, de massacres sans excuse, de pendaisons, de bûchers monstrueux, avec, çà et là, des gestes trop rares de générosité ».

Certes, il n'apportait rien de neuf dans son écrit sur les cathares mais Georges Bordonove avait l'art de synthétiser magnifiquement sa documentation qu'il empruntait chez d'autres auteurs. En fait foi la partie bibliographique incluse en fin du dit ouvrage où l'on retrouve avec plaisir des noms bien connus des ésotéristes, voire même des littérateurs spécialisés dans l'histoire de Rennes-le-Château. Citons entre autres : Anne Brenon, Coincy-Saint-Palais, Jean Duvernoy, Jean Guiraud, Jean Markale, René Nelli, Otto Rahn, Déodat Roché, etc...

A sa manière, Georges Bordonove a vécu pleinement sa passion et sut nourrir tout un lectorat ravi et consentant ; et c'est tant mieux !

D.D.

WHO IS WHO ?

Bruno Fouquet

Professeur de Français, il s'intéresse depuis dix ans à l'histoire de l'ésotérisme. Spécialiste des œuvres et de la pensée de Stanislas de Guaïta, il consacra à cet effet plusieurs articles. Signalons sa collaboration à la revue martiniste, *L'Initiation*, puis au *Bulletin de la Société J.-K. Huysmans* et au *Cahiers de l'Ilderm* (revue de Franc-Maconnerie Lorraine). Il prépare actuellement un monumental ouvrage, en collaboration avec Frédéric Coxe, sur le prince de l'Occultisme que fut Stanislas de Guaïta.

Arnaud de l'Estoile

Né en 1966, Arnaud de l'Estoile est diplômé de la Sorbonne et du Conservatoire National des Arts et Métiers. Spécialisé dans l'étude de l'ésotérisme et des sciences occultes, il a publié à ce titre trois ouvrages chez Pardès dans la collection « Qui suis-je ? », *Guaita* (2005), *Papus* (2006) et *Péladan* (2007). Signalons aussi sa participation à la revue *L'Initiation*.

Serge Caillet

Né en 1962, Serge Caillet découvre adolescent les œuvres de Jacques Bergier puis rencontre, à l'âge de 19 ans, Robert Amadou, en qui il reconnaîtra aussitôt son premier maître. Ce dernier lui permet ensuite de publier ses premières recherches et de devenir, au fil du temps, un spécialiste et un historien averti des sociétés initiatiques. Outre maints articles dans des revues spécialisées, il a publié pas moins d'une dizaine d'ouvrages ; citons notamment son premier livre *Sar Hiéronymus et la Fudosi* chez Cariscript (1986), *La Franc-Maçonnerie Egyptienne de Memphis-Misraïm* (Cariscript 1988), *Arcanes & Rituels de la maçonnerie égyptienne* (Trédaniel 1994), *L'Ordre rénové du Temple* (Dervy 1997), *Monsieur Philippe, l'Ami de Dieu* (Dervy 2000) dans la collection « Homme de Désir » qu'il dirige, etc...

Fondateur, le 11 août 1990, de l'Institut Eléazar qui a pour vocation de transmettre sous forme de cours par correspondance l'enseignement de Martines de Pasqually et de Saint-Martin, Serge Caillet prépare actuellement une série d'articles consacrée au Martinisme dans la revue *Renaissancetraditionnelle*.

Jean Artero

Passionné d'Alchimie, Jean Artero est un ami d'Archer et à fondé avec lui, fin janvier 2006, un blog intitulé archerjulienchampagne.com. Ce site qui gagne à être connu, tant par ses articles de qualité que par ses belles illustrations, a fait, comme son appellation l'indique, de Jean-Julien Champagne son cheval de bataille ; des études sur Fulcanelli, Canseliet, mais aussi sur des personnalités qui ont marqué les annales de l'ésotérisme ou de l'occultisme y sont également publiées.

Frédéric MacParty

Né en 1967, Frédéric MacParty est herboriste. Ses accointances avec les mouvances à caractère magique et initiatique l'amènent à fréquenter dans les années 1985 la Wicca, avant de s'intéresser aux œuvres d'Aleister Crowley. Initié dans les années 1990 à l'OTO (Ordo Templi Orientis), il fonda en 1996, en compagnie de Sarah Châtelain et Dominique Dubois, une revue Thélémite, *le Nouvel Aeon*, qui se voulait l'organe, en France, de la pensée du Maître Thérion (Crowley). En parallèle, il est initié à l'Ordre Hermétique de l'Aube Dorée (The Hermetic Order of The Golden Dawn). Aujourd'hui, Frédéric MacParty, qui a un penchant prononcé pour le rosicrucianisme du XIXème siècle, s'occupe essentiellement de ses Editions Sesheta, qui, régulièrement, font paraître des ouvrages consacrés à l'histoire et aux enseignements des ordres initiatiques. Son site, intitulé aussi Sesheta Publications, se consacre par ailleurs à la vente d'encens et de parfums. http://www.sesheta-publications.com.

Madeleine Ribot-Vinas
www.madeleine-ribot-vinas.com
madeleine.ribot@wanadoo.fr

Auteur de publications, articles et monographies.

1. La Kabbale : La Kabbale est née en Languedoc, sur une terre d'accueil où gnose, mystique et magie ont eu bien des points de convergence. Dans une quête commune de la sagesse, les kabbalistes ont parfois inspiré les chrétiens. L'auteur nous invite à réfléchir sur l'une des particularités de la terre occitane médiévale : l'importance du legs spirituel et intellectuel des sages de l'académie talmudique de Lunel à la construction de notre région et de l'Europe judéo-chrétienne.

Auteur de *Il était une fois la Kabbale, les académies juives de Lunel et Posquières en Petite Camargue* (2001 : épuisé) ; *Lunel y Posquières, cunas de la Kabbala*: disponible Librairie Sefarad : Centre Nahmanides-Bonastruc : Girona, Espagne 2004, *De Lunel à Jéricho, sur les chemins de la mémoire*, 2005 ; préface M. Iancu ; Ill. Régine Cerda ; disponible chez l'auteur.

2. Le sel : Madeleine Ribot-Vinas nous propose de pénétrer au cœur de l'histoire de la terre occitane en évoquant l'une de ses facettes économiques : le sel marin. Son livre *L'épopée du Sel marin...des origines à la fondation d'Aigues-Mortes* nous incite à faire un voyage dans le temps et l'espace, de la préhistoire à la fin du Moyen-Âge et englobant divers thèmes : celui de l'eau, de la mer, de la saliculture bien sûr, mais aussi...des routes et des ports ouverts sur la Méditerranée qui ont permis le transport du sel dans des terres lointaines générant un commerce prospère ; sans oublier le rôle prépondérant des abbayes bénédictines dans l'exploitation salinière, la naissance ou renaissance de cités riches d'histoire, Maguelone, Saint-Gilles, Lattes, Aigues-Mortes, Lunel, ceinturées de canaux qui les reliaient aux lagunes et à la mer, et enfin, l'instauration de l'impôt royal « la gabelle » et ses conséquences. Disponible chez l'auteur.

Sommaire

POURQUOI ADHERER A L'ODS

En plus de rassembler toute une « faune de l'espace » passionnée de littératures de l'imaginaire, science-fiction, fantastique, fantasy, etc et tant de chercheurs érudits des univers de l'étrange, l'ODS est une association active qui organise ou coordonne de nombreux événements dans les domaines qui nous intéressent.

C'est un fait que l'activité de publication de fanzines qui était son expression principale à ses débuts a dû être transférée vers notre maison d'édition, EODS, faute de lecteurs assidus dans un secteur qui s'est peu à peu reporté vers le web. Certaines revues ont disparu, d'autres sont nées à cette occasion. Force est de nous adapter au potentiel du lectorat d'aujourd'hui, et nous voilà au XXIe siècle !

Toutefois, tout en nous adaptant, nous tenons, à l'ODS, à préserver cette convivialité qui fut toujours la première motivation de notre existence associative. C'est pourquoi nous poursuivons avant tout l'organisation de rencontres, conférences, congrès, dîners thématiques et autres missions scientifiques autour des thèmes qui nous sont chers. Participer à ces nombreuses activités, les organiser ou permettre à certains invités de venir y présenter leurs travaux, voilà aujourd'hui la vocation de l'ODS. Ainsi, tout au long de l'année, vous êtes conviés à nous rejoindre lors de dîners informels, comme celui du Nouvel Eon en janvier, et toutes sortes de rencontres à thèmes intitulées « on the spot », selon le calendrier de la venue d'auteurs en région parisienne, ainsi qu'à des colloques de haute teneur dont ceux organisés à Rennes-le-Château (ARTBS) ou à Paris comme le Congrès Fortéen, les journées Heuvelmans ou Jacques Bergier, etc, mais aussi à nous rendre visite sur les stands des nombreuses conventions auxquels nous participons.

L'organisation de ces événements et la participation de l'association à ceux organisés par d'autres sont aujourd'hui devenus notre activité principale, car c'est ce qui fait vivre notre univers littéraire et préserve ce caractère unique qui nous plaît. Si certains supports de lecture disparaissent petit à petit au profit de medias plus modernes – du fanzine au webzine, des listes de discussions aux réseaux sociaux, etc. – il reste que nous sommes tous attachés aux livres originaux au format papier, non seulement à l'objet que l'on peut aujourd'hui commander en trois clics, mais surtout à ce qui va autour, c'est-à-dire les rencontres, les discussions, le partage et les possibles collaborations qui s'improvisent au gré des initiatives de nos membres les plus passionnés et, bien entendu, au plaisir de lire !

La participation de chacun à cette fourmillante activité littéraire et autour de la littérature se coordonne le plus simplement possible par le moyen de notre association, et c'est la raison d'être de l'ODS. En y adhérant, et surtout en participant par votre présence et votre concours à ces rencontres, ainsi qu'à la naissance et la réalisation de nouveaux projets, vous nous aidez à prolonger la vie de notre multivers littéraire. Bienvenue à tous et merci pour votre présence !

Emmanuel Thibault, membre du Conseil de AODS.

PETIT MANUEL P.A.O. A L'USAGE DES AUTEURS D'ARTICLES PROPOSÉS A LA RÉDACTION

Voici un bref résumé des principales règles typographiques en l'usage à l'EODS, de manière à ce que les auteurs puissent fournir à la P.A.O. des documents calibrés et réduire ainsi considérablement le temps de production, relecture et correction. Merci de bien vouloir vous y conformer scrupuleusement. Les souscriptions ne respectant pas ces principes ne pourront plus êtres prises en compte dans nos publications.

Format de base :

DOCUMENT WORD (.doc)

Typo :   Times New Roman
Corps :   10
Alignement : Justifié
Interligne : Simple

Nota Bene :

jamais de **soulignement** !
majuscules accentuées chaque fois que nécessaire (in Word « caractères spéciaux »)
une vérification orthographique automatique est dûment effectuée **par l'auteur avant soumission du texte.**
les **italiques** ont tendance à se perdre dans le transfert entre Word et Xpress ; les chefs de projets voudront bien prêter une attention particulière à ce point lors de la relecture.
Toute **indication bibliographique** respecte le standard officiel, soit :
Nom, Prénom de l'auteur, *Le Titre correct*, éditeur, lieu & année d'édition, pages.
Pas de guillemets, à l'exception des articles intégrés dans un recueil dûment cité.

Rappels de typographie standard :

Point d'exclamation :	précédé d'un espace insécable et suivi d'un espace normal
Point d'interrogation :	précédé d'un espace insécable et suivi d'un espace normal
Deux points :	précédé d'un espace insécable et suivi d'un espace normal
Point-virgule :	précédé d'un espace insécable et suivi d'un espace normal
Point final :	accolé au mot précédant, suivi d'un espace normal
Virgule :	accolée au mot précédant, suivie d'unespace normal
Tiret de liaison :	tiret court accolé aux mots précédantet suivant
Tiret de dialogue :	tiret long suivi d'un espace insécable
Tiret d'apposition :	tiret long précédé et suivi d'espaces insécables
Guillemets ouvrant :	chevrons ouvrants suivis d'un espace insécable
Guillemets fermant :	chevrons fermants précédés d'un espace insécable

TOUTES les notes de texte sont placées en **FIN DE CHAPITRE** !!! (*pas* en bas de page, ni en fin d'ouvrage) L'intégration de notes d'une autre manière par les auteurs génèrent d'incessants et laborieux problèmes de PAO.

L'indication d'une note se fait par un *chiffre seul* (sans tiret, parenthèse, etc.) disposé à l'endroit convenable et mis *en exposant*.

***

LES ILLUSTRATIONS doivent nous parvenir au **format JPG en 300 DPI**, d'une taille de fichier avoisinant les 5 Mo par image, dans la mesure du possible. Toute image fournie en format exotique ou d'une taille insuffisante (moins de 2Mo) devra être refusée car sa résolution ne se prête pas à une impression papier. Lorsque vous scannez vous-même vos documents, vérifiez dûment le centrage, le format et la résolution de votre driver. Les images récupérées sur le web ne conviennent généralement pas à une impression de qualité, même lorsqu'elles sont libres de droits. Merci aux auteurs de se préoccuper de cette question avant de nous soumettre leurs textes.

***

Les abréviations de titres réservés aux personnes sont également standardisées : [M. Mme. Melle. Me. Mgr. etc] Veuillez ne pas oublier de les vérifier et ne pas utiliser l'un pour l'autre, ni d'anglicismes (tel Mr.)

***

Les siècles sont indiqués en chiffres romains et suivis de la seule mention et placée en exposant, de même que le rang : XVIIIe s., 3e guerre mondiale, etc...

LES ÉDITIONS DE L'ŒIL DU SPHINX

SARL au capital de 15.245 €

R.C.S. Paris B 432 025 864 (2000 B11249)

36-42 rue de la Villette

75019 PARIS

Mail ods@oeildusphinx.com

http://www.œildusphinx.com

http://boutique.œildusphinx.com

Tél 09.75.32.33.55

Fax 01.42.01.05.38

Toutes nos parutions sont sur :
boutique.oeildusphinx.com

www.ingramcontent.com/pod-product-compliance
Lightning Source LLC
Chambersburg PA
CBHW052114090426
42741CB00009B/1804